Vagner da Silva
Rogério Sávio Link
Eds.

Filosofia e Educação em Tempos de Pandemia

Vagner da Silva
Rogério Sávio Link
(Orgs.)

Filosofia da Educação em Tempos de Pandemia

São Leopoldo

editora Karywa

2021

© Editora Karywa – 2021
São Leopoldo – RS
editorakarywa@gmail.com
http://editorakarywa.wordpress.com

Detalhe da imagem da capa: Friedrich Nietzsche, pintado por Edvard Munch

----

SILVA, Vagner da; LINK, Rogério Sávio (Orgs.)

Filosofia da educação em tempos de pandemia. [e-book] / São Leopoldo: Karywa, 2021.

    141p. : il.
    ISBN: 978-65-86795-11-0

1. Educação; 2. Filosofia; 3. Prática de ensino 4. Aprendizagem; I. Organizadores.

                                                       CDD 370

Sumário

Apresentação

Vagner da Silva

O Grupo de Estudos Nietzsche UNIR (GEN/Unir) surgiu há algum tempo, e tem realizado atividades mais ou menos regulares, com o principal objetivo de levar o conhecimento das obras do filósofo alemão aos interessados e curiosos no ambiente acadêmico da Universidade Federal de Rondônia.

Como não é um grupo de estudo e pesquisa registrado nas instâncias administrativas da UNIR ou do CNPq, ou de qualquer outra instituição de fomento e controle, as atividades sempre flutuam ao sabor do momento, e muitas vezes, infelizmente, ficam suspensas por motivos diversos, mas geralmente por indisponibilidade do coordenador do grupo, o professor Vagner da Silva, um dos organizadores deste livro.

Foi assim que as atividades foram suspensas ao final de 2018 após uma sequência exitosa de estudos de quase três anos, que contou com um curso de extensão sobre o livro *Assim falou Zaratustra*, e o estudo sequencial das obras *Além do bem e do mal* e *A genealogia da moral*.

Tendo o coordenador se tornado pai no ano de 2019, não foi possível dar continuidade aos estudos naquele momento, mas projetos ambiciosos foram traçados. Naquele momento, pensou-se em novos modelos de estudo e abordagem, bem como novos temas: uma reformulação do curso sobre *Assim falou Zaratustra* e um estudo sequenciado (ofertado como disciplina eletiva no curso de licenciatura em História) sobre o surgimento dos valores morais na obra de Freud, que passaria pelas obras *Totem e tabu*, *Moisés e o monoteísmo*, *Mal estar na civilização* e *O futuro de uma ilusão*. O ambicioso plano contava ainda com um novo curso de extensão, envolvendo Nietzsche, Freud e Dostoiévski, especialmente o impacto e a influência das obras deste último nos anteriores.

Mas as moiras mostraram que nossos planos, como sempre, são irrisórios, dando plena confirmação ao ditado hebraico no qual se diz que os homens planejam e Deus ri, eco, sem dúvida, da sabedoria daquele povo expressa em seus *Provérbios* (16: 9) que afirma que "Em seu coração o homem planeja o seu caminho, mas o Senhor determina os seus passos"

Em 2019, os passos do GEN, como de boa parte da humanidade planetária, foram desviados pela pandemia de Covid-19, que se estendendo ainda por 2021, lançou em um conjunto de incertezas as vidas humanas (as que não foram ceifadas pela doença e pela negligência governamental), nos fazendo buscar nos recursos tecnológicos a possibilidade mínima de manutenção das atividades acadêmicas.

Foi assim que em 2020 o Gen promoveu um conjunto de encontros virtuais transmitidos pelo site de hospedagem de vídeos, YouTube, as famosas Lives, que na pandemia se tornaram tão populares, recorrentes e, por que não dizer, banais (?!).

Ulisses de Ítaca, o memorável personagem da obra Odisséia é reconhecido como o mais engenhoso humano da história da literatura, a engenhosidade de Ulisses reside na sua incrível capacidade de reverter situações adversas, tirando delas vastas possibilidades. É assim que o Odisseu, enfrentando a fúria do deus dos mares, navega pelos confins do mundo, e retorna, ileso, porém envelhecido, à sua ilha e à sua família.

Os professores e alunos brasileiros foram protótipos odisseicos nestes tempos pandêmicos: enfrentando o vírus, o descaso governamental e a precariedade tecnológica e reverteram, no limite do possível, as adversidades para continuar sabotando os projetos institucionais e ministeriais de transformar escola e educação respectivamente em posto de assistência estatal de finalidades obscuras, e disciplinarização para o controle da vida, sem nenhum letramento, sem nenhuma posse da monumental produção histórica e cultural humana.

Nunca a peste e o governo estiveram tão unidos como nestes dias...

Nietzsche afirma que o filósofo deve ser a má consciência de seu tempo. Deleuze, fazendo eco ao alemão, afirma que a filosofia serve para entristecer, que "uma filosofia que não entristece a ninguém e não contraria ninguém, não é uma filosofia. A filosofia serve para prejudicar a tolice, faz da tolice algo de vergonhoso"[1].

O Gen quis prejudicar a tolice daqueles que insistem em afirmar que professores universitários não fazem nada, o Gen buscou entristecer aqueles que por inveja, despeito ou maldade seguem dizendo que as universidades públicas brasileiras são antros de balbúrdias, e mesmo em meio a uma pandemia o Gen retomou suas atividades, por meio do projeto de extensão Filosofia em Quarentena, um conjunto de lives com temáticas diferentes, mas sempre um mesmo objetivo: prejudicar a tolice e entristecer aqueles que temem a educação, e, por isso, a desdenham.

Aos convites de participação, muitas mentes atenderam rapidamente, e as lives foram organizadas e se estenderam por todo o segundo semestre do ano de 2020, às quais podem ser acessadas na *playlist* do professor Vagner da Silva ***Filosofia em Quarentena***. Ao final desta apresentação, o leitor encontra uma relação de imagens dessas lives com os respectivos links. Dessas lives, foi organizado este livro no qual se optou por dar liberdade aos participantes de manterem (ou não) a linguagem coloquial dos encontros virtuais via YouTube.

Os capítulos foram ordenados na sequência cronológica de realização das lives. O primeiro deles é do professor Vagner da Silva, da Universidade Federal de Rondônia, que nele busca responder à pergunta "quem é o além do homem de Nietzsche?". Resposta dupla e ambígua que permite perceber a complexidade do pensamento do filósofo alemão, bem como a diversidade e o alcance de sua obra.

No segundo capítulo, o professor Fernando Bonadia da Universidade Federal Rural do Rio de Janeiro apresenta a sofisticação do pensamento de Espinosa, mostrando como

---

1 DELEUZE, Gilles. *Nietzsche e a filosofia*. Rio de Janeiro: Editora Rio, 1976. p. 87.

o filósofo em meio à peste foi capaz de perceber a crise econômica e social como um momento de quebra, no qual novas organizações sociais e políticas poderiam eclodir, entre elas a democracia, resultando da capacidade humana de livre associação e de auxílio mútuo.

O filósofo inglês John Locke é o tema do terceiro capítulo. Nele o professor Christian Lindberg, da Universidade Federal de Sergipe, apresenta o pensamento político daquele que tantas vezes é visto e afirmado como um dos fundadores do liberalismo clássico. O professor Christian nos mostra como Locke segue sendo figura chave na filosofia política, e como sua influência perpassa a filosofia de pensadores contemporâneos como John Rawls. Neste capítulo encontramos uma ótima contextualização histórica da Inglaterra em que Locke viveu e como os eventos políticos de seu tempo serviram como plano de imanência no qual seus conceitos foram desenvolvidos.

A filosofia contemporânea volta a ser abordada no capítulo seguinte, agora com a professora Glaucia Figueiredo da Universidade da República (UDELAR/Uruguai). Falando em sua live direto de Montevidéu a professora Gláucia nos trouxe a complexidade do pensamento e a beleza da amizade de Gilles Deleuze e Félix Guattari, apresentando o deslocamento conceitual que permite utilizar o conceito de menor na educação, deslocamento promovido pelo professor Silvio Gallo (UNICAMP), e também seu próprio trabalho de deslocamento conceitual, com o menor em pedagogia. Com tal refinamento conceitual, a professora Gláucia conduz-nos a uma percepção da educação como um campo político de batalhas e conflitos, no qual a atuação docente é fundamental para que se assegure a educação como um processo autêntico de transformação.

Já no quinto capítulo emerge um dos temas mais importantes e urgentes da contemporaneidade, especialmente no Brasil: o feminismo. O tema é abordado pela professora Roberta Gregoli, que estrutura seu texto de forma original, esclarecedora e bastante didática, conduzindo o leitor pela história do feminismo ao mesmo tempo em que mostra os problemas internos ao movimento e à própria teoria feminista, trazendo ao leitor nomes como Judith Butler e Simone de Beauvoir. Destaco em especial, neste capítulo, a apresentação da filósofa estadunidense Audre Lord e seu precioso texto que certamente valerá a leitura posterior: *As ferramentas do senhor nunca vão desmantelar a casa grande.*

A professora Lavínia Magiolino, da Universidade de Campinas, escreve sobre Vigotski no sexto capítulo deste livro, mostrando que, na teoria do desenvolvimento do pensador Russo, o sujeito se desenvolve socialmente, e é por meio das interações sociais também que ele aprende e se humaniza. Lavínia ressalta também a importância da arte tanto nas vivências profissionais de Vigotski, quanto em sua teoria, e utiliza a arte para pautar a discussão que se introduz pela pergunta: como superar a barbárie por meio da educação?

O circuito das lives 2020 do GEN foi encerrado com o professor José Fernandes Weber da Universidade Estadual de Londrina, e é ele também que encerra o presente livro mostrando Nietzsche como um filósofo trágico, dando relevo à relação que se tece na obra do filósofo alemão entre humanidade, tragédia e natureza, mostrando que se o humano é sempre em devir, tal devir sempre resultará em um processo trágico, restando a cada indivíduo conduzir sua vida como um poeta escreve uma elegia, transformando o próprio viver em arte trágica.

Sete professores, dentre eles pais e mães de crianças pequenas, reclusas nos ambientes domésticos por conta da pandemia, sete professores que, a despeito das dificuldades, atenderam prontamente ao convite do debate público, do debate aberto, do debate acadêmico pautado pelo senso crítico, pela liberdade de pensamento, pela racionalidade que tem estado tão ausente do debate público de nosso país, em tempos em que temos que gritar, como Galileu: a terra é redonda e se move ao redor do sol! E mesmo que haja novas fogueiras, ela continuará sendo redonda, e se movendo ao redor do sol!

Deixamos ao leitor a recomendação de que além do livro, busque assistir também aos vídeos das lives que encontraram na *playlist* do professor Vagner da Silva ***Filosofia em***

Quarentena e também no *Canal do Gen/UNIR*, pois certamente as imagens e seus gestuais, associadas à fala e às interações com os participantes poderão propiciar uma experiência distinta daquela da leitura.

Para além desta singela recomendação, gostaria de sugerir ao leitor que tome para si a recomendação que faz Palas Atenas a Aquiles, no canto primeiro da Ilíada, impedindo que o semideus matasse Agamenon:

> Para acalmar-te o furor, tão somente, ora vim do alto Olimpo;
> caso me atendas, enviada por Hera, de braços muito alvos que, por igual, a ambos preza e dos dois, cuidadosa, se ocupa.
> Vamos, refreia tua cólera, deixa em repouso essa espada.
> Mas, quanto o queiras, com termos violentos o cobre de injúrias.
> Ora te digo com toda a clareza o que vai realizar-se:
> Prêmios três vezes mais belos virás a alcançar muito em breve, por esse insulto de agora.
> Contém-te, portanto, e obedece.

Sejamos nós, os educadores, o Aquiles, sejam eles os rachadores da educação e da cultura o Agamenon. Que em nossas mãos restem o livro, o caderno, o giz, o pincel e o apagador, e em nossas bocas, eventualmente, as palavras duras e necessárias para prejudicar e envergonhar a tolice, pois se o nosso tempo ainda não chegou, o deles já acabou, eles passarão, nós passarinhos.

Live 01: *https://youtu.be/LkA9RgduZuc*

Live 02: *https://youtu.be/kAoQwkKhCSo*

Live 03: *https://youtu.be/5vSwzMX8yRk*

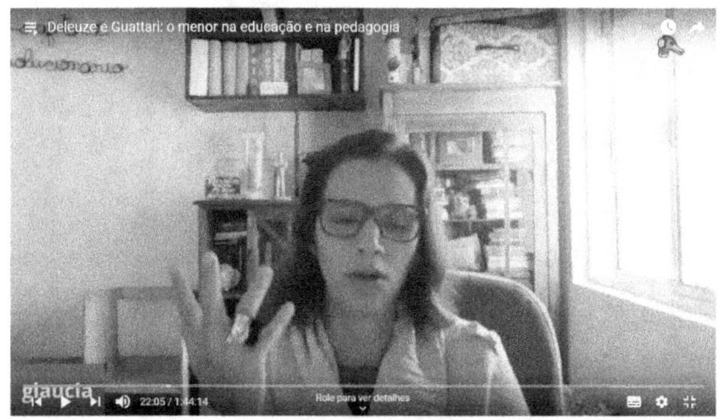

Live 04: *https://youtu.be/0wI_CHiFpgQ*

Live 05: https://youtu.be/ztT30rL0cbY

Live 06: https://youtu.be/L8eumbGJrSU

Live 07: https://youtu.be/1CHIE8PCpKM

Quem é o Além-do-Homem de Nietzsche?

Vagner da Silva
Doutor em Educação. Professor da Universidade Federal de Rondônia.

Para nós falarmos sobre quem é esse além-do-homem de Nietzsche, primeiramente é necessário fazer um esclarecimento sobre essa expressão "além-do-homem". Ela é uma das traduções mais comuns para a palavra alemã *Übermensch*, que é geralmente traduzida para a língua portuguesa como além-do-homem ou super-homem, inclusive super-homem é a tradução mais comum no Brasil.

É importante esclarecer isso, porque quando eu comecei a estudar Nietzsche lá no ano 2000 com um professor de Filosofia que tive na graduação, eu pegava os livros e em alguns livros eu via super-homem em outros eu vi além-do--homem, eu levei algum tempo para entender que ambos falavam da mesma coisa, e eram apenas traduções diferentes para o mesmo vocábulo alemão.

Eu não gosto da tradução super-homem, em primeiro lugar porque a palavra *Übermensch* é composta por dois vocábulos alemães o primeiro é uma preposição geralmente traduzida como além ("*über*"), que dá a ideia de transpassamento, de posição acima, além, adiante, já o termo "super" traz uma ideia de mais, de acréscimo, de potência, que eu acho que não traduz satisfatoriamente o vocábulo *über*. A segunda palavra é *Mensch*, traduzida normalmente como humano. Se fizéssemos uma tradução literal, teríamos algo como "além do humano", por isso que em uma adaptação mais livre eu prefiro traduzir *Übermensch* como além-do--homem. Além disso, ao traduzir *Übermensch* como super--homem fica essa associação inevitável com o personagem dos quadrinhos.

Há ainda outro problema com a tradução super-homem, que é sua relação com o ideário de raça ariana pura, desenvolvido pelo totalitarismo nazista na Alemanha no século XX. Já é bastante sabido que o partido nazista e seus ideólogos se apropriaram em alguma medida das ideias do Nietzsche, principalmente a ideia de criação de um tipo humano superior, uma figura caracterizada pela força e pela capacidade física, muito mais próxima da noção de super, do que da noção de além, então este é outro motivo para preferir a tradução além-do-homem ao invés de super-homem.

Em inglês, em francês, em italiano e espanhol há também as duas possibilidades de tradução uma tradução dando a ideia de além, e a outra tradução dando a ideia de força, de mais. Em inglês, por exemplo, é possível traduzir como *superman* ou *overman*.

Voltamos agora à pergunta que vai nos guiar "quem é o além-do-homem de Nietzsche?". Para responder é preciso inicialmente relativizar, pois o além-do-homem de Nietzsche é diferente dependendo da obra com a qual nós estejamos trabalhando. A expressão além-do-homem começa a aparecer na obra do Nietzsche no período maduro. Geralmente os estudiosos dividem a obra do Nietzsche em três períodos: a juventude que engloba os escritos filológicos até *O nascimento da tragédia* e as *Considerações extemporâneas*; o período intermediário vai do livro *Humano, demasiado humano* até *A Gaia Ciência*, e o período maduro se estende de *Assim falou Zaratustra* até às suas últimas obras.

A passagem da primeira fase para a segunda fase é marcada por uma ruptura trágica na vida de Nietzsche, porque não foi apenas uma ruptura intelectual, foi também uma ruptura pessoal, especialmente o fim da amizade com o compositor de óperas Richard Wagner, e o abandono de todo o círculo wagneriano, a decepção e a frustração de Nietzsche com a ideia de que poderia haver um renascimento cultural na Alemanha e na Europa a partir da ópera wagneriana. Esse segundo período de Nietzsche é muito marcado pela ciência em alguns momentos parece até mesmo um positivismo, mas nós já encontramos neste período intermediário a crítica da moral. É deste período, por exemplo, *Aurora: reflexão sobre os preconceitos morais*, que como o título afirma traz uma série de reflexões sobre as questões morais.

Tanto no primeiro período, a juventude, quanto no segundo período, chamado intermediário, a expressão *Übermensch* não aparece, ou não com o sentido que ela terá posteriormente. A primeira vez que a expressão aparece é no livro *Aurora* onde é tratada como sinônimo de genialidade, muito próximo do que nós hoje compreendemos como genialidade, ou seja, uma pessoa com capacidades intelectuais ou artísticas acima da média.

Depois o termo aparece ainda no livro *A Gaia ciência*, que está bem na divisão entre o período intermediário e o período final de Nietzsche. Algumas pessoas falam inclusive que este livro pertence ao período maduro porque nele aparecem os elementos que caracterizam de forma mais intensa este último período da produção filosófica do Nietzsche, que são os conceitos de *Eterno Retorno do Mesmo* e *Amor Fatti* e também a ideia do *além-do-homem*. Mas a parte da *Gaia ciência* que fala do Eterno Retorno foi escrita posteriormente, pois o livro foi publicado e depois Nietzsche fez uma nova edição e nessa edição acrescentou um trecho que não estava originalmente na obra, então este livro está mais para o segundo período, período intermediário mesmo, do que para o período maduro.

Já no período maduro a expressão *Übermensch*, além-do--homem, aparece uma vez no livro *Além do bem e do Mal*, uma vez na *Genealogia da moral*, quatro vezes no livro *O Anticristo*, uma vez no livro *O Crepúsculo dos Ídolos*, e no livro *Ecce Homo* seis vezes. Esse último livro é a autobiografia de Nietzsche. Então, dessas vezes em que o termo aparece, geralmente é Nietzsche analisando a obra *Assim falou Zaratustra*, em que o termo aparece 51 vezes. Vemos assim que esse é um conceito muito mais presente em *Assim falou Zaratustra* do que nas outras obras de Nietzsche.

O Além-do-homem nas obras do período maduro de Nietzsche, exceção feita ao *Zaratustra*, é sempre colocado como um sinônimo da tipologia dos tipos humanos superiores. O que é isso? Para quem já leu Nietzsche, principalmente *A genealogia da moral*, ele desenvolve uma tipologia em que divide os seres humanos em dois tipos: seres humanos superiores e seres humanos inferiores. Quando nós lemos a tipologia nietzscheana dos tipos humanos superiores encontramos o nobre, o aristocrata, o guerreiro, a besta loura, o espírito livre, e também o além-do-homem. De um modo geral, nas obras do período maduro, exceção feita ao *Zaratustra*, o além-do-homem é sempre colocado como um sinônimo para esses tipos humanos superiores.

Para quem ouve falar isso e não tá acostumado às leituras nietzscheanas até toma um susto: "como assim tipos humanos superiores e tipos humanos inferiores? Que cara nazista esse Nietzsche!". Na verdade, Nietzsche via essa distinção entre tipos humanos superiores e tipos humanos inferiores como quantitativa, e não qualitativa: se nos tipos humanos superiores há o nobre, o aristocrata, o guerreiro, a besta loura, o espírito livre; nos tipos humanos inferiores há o plebeu, o escravo, o sacerdote, inclusive o intelectual (com alguma frequência Nietzsche se referia aos intelectuais como tipos humanos inferiores), todavia não há entre os tipos humanos superiores e os tipos humanos inferiores uma distinção qualitativa mas quantitativa: quanto maior é a sua vontade de poder mais alto o indivíduo está nesse ranking humano.

O que é então a vontade de poder?

Novamente preciso fazer aqui uma digressão sobre o alemão e as questões de tradução. Vontade de poder traduz a expressão alemã *Wille zur Macht*. Esta expressão pode ser traduzida como *vontade de poder* ou como *vontade de potência*. Durante muito tempo eu preferi traduzir e ler *Wille zur Macht* como vontade de poder, mas de uns tempos para cá eu tenho simpatizado cada vez mais com a tradução vontade de potência, especialmente por causa de algumas leituras espinosanas que eu tenho feito, pois o Espinosa fala muito em potência, potência de agir, o *conatus*, pois é sabido que um dos filósofos que mais influenciou Nietzsche foi justamente Espinosa.

O que é a vontade de poder ou a vontade de potência? Para Nietzsche, nós somos movidos por uma força, ou melhor, nós somos uma força, e essa força que nós somos age de modo a expandir a vida cada vez mais. Nietzsche afirmou que a ideia de Darwin de que a vida busca se conservar é uma ideia dos tipos inferiores, porque a vida busca se expandir, quando ela quer apenas se conservar é um indício de que nessa pessoa, nesse organismo, a vontade de poder já está em declínio, já há uma perda de força, uma perda de potência. Então os tipos humanos superiores são os mais potentes, são aqueles em que a vontade de poder está, digamos assim, intacta. Uma característica fundamental que aparece na *Genealogia da moral, e* que caracteriza os tipos humanos superiores, é que eles são capazes de fazer promessas. Mais do que fazer promessas, eles são capazes de cumprir as promessas que eles fizeram, isso para Nietzsche é um elemento distintivo bastante significativo.

O que é fazer uma promessa? O que uma promessa envolve de importante que leva Nietzsche a considerá-la como elemento que distingue tipos humanos superiores e tipos humanos inferiores?

Uma promessa é uma ponte estendida entre o momento em que a promessa é feita e o futuro. Quando eu faço uma promessa eu construo uma ponte entre o momento atual e o futuro, mas isso qualquer um pode fazer, os tipos humanos superiores e também os tipos humanos inferiores. A diferença fundamental para Nietzsche é que os superiores são capazes de cumprir a promessa. O que isso quer dizer? Que eles têm total domínio de si próprios, total domínio das circunstâncias, e uma vontade férrea para impedir que elementos aleatórios atravessem o caminho que ele estabeleceu entre a promessa e o momento de cumprir a promessa. Então, para Nietzsche, a ideia da palavra empenhada é mais do que uma questão de honra, é uma demonstração de força: "eu tenho controle sobre as circunstâncias que atuam em minha vida, de tal maneira, que em fazendo a promessa eu serei capaz de cumpri-la no futuro".

Outro elemento fundamental nos tipos humanos superiores é que eles são afirmativos. Isso quer dizer que o tipo humano superior vê o mundo a partir de uma afirmação que ele faz acerca dele próprio. O vocábulo grego que designava os nobres *aristos* significa excelência ou excelente. De modo geral, os tipos humanos superiores veem a eles próprios como excelentes como ótimos, como acima da média, eles veem a eles próprios como a regra que deve imperar no mundo, eles veem a eles próprios como aqueles que são bons, e tudo que é distinto deles não é mal, é ruim. Há aqui uma distinção muito importante que Nietzsche trabalha na *Genealogia da moral:* a distinção entre bom e ruim e a distinção entre bom e mau. Então o aristocrata vê aquilo que não é aristocrático como carecendo de qualidade, como algo ruim, e não mal, como algo moralmente incorreto.

O tipo humano inferior não é afirmativo, ele é negativo, ou ainda como Nietzsche em alguns momentos fala, ele é reativo, ele não estabelece valor a partir dele próprio, mas a partir de uma relação de negação do outro. O tipo humano inferior olha para o aristocrata e diz: "esse cara é mau", ele não diz que ele é ruim, ele disse que ele é mau, ou seja, não se trata de ver o aristocrata como insuficiente, ou carente de qualidades, mas sim como moralmente incorreto. Isso permite que ele diga também: "eu sou diferente dele então eu sou bom". Ao passo que o tipo humano superior olha para si, e estabelece o que vê como o valor absoluto, o tipo humano inferior olha para o outro, o aristocrata, e estabelece uma relação de negação, e nela estabelece seus valores: "o aristocrata é mau, eu sou diferente dele, eu sou bom. Bom não é quem faz o que eu faço, bom é quem não faz o que ele faz".

Para Nietzsche o que o tipo humano inferior diz que é ruim é o exercício do poder, como ele não pode exercer poder, quem exerce poder é ruim. Como o tipo humano inferior não pode exercer poder, ele passa a dizer que isso é uma virtude, e que é a virtude dele, e chama essa virtude de humildade. Nietzsche ironiza isso chamando de virtude vermiforme: se você pisa em um verme ele também se encolhe, mas ele se encolhe para não ser pisado novamente, não há aí nenhuma espécie de virtude, pelo menos não para Nietzsche.

Voltemos agora à questão: quem é o além-do-homem de Nietzsche? Nas obras do período maduro, exceção feita ao *Zaratustra*, ele é o tipo humano superior, o indivíduo que tem a si próprio como valor máximo, e que é capaz de fazer promessas porque pode controlar a si próprio e controlar todos os eventos que estão envolvidos no processo, para finalmente, no futuro, cumprir a promessa e honrar a palavra empenhada.

Como a distinção entre superiores e inferiores não é qualitativa, mas quantitativa, é possível haver movimentação por meio de dois processos que Nietzsche chamou de ascensão e decadência. Para ele, ascensão é algo raro, é difícil que uma pessoa despotencializada consiga se potencializar e ascender aos tipos superiores, embora aconteça. O mais comum é o inverso, é fácil que os tipos humanos superiores decaiam, daí vem um apelo que Nietzsche faz com frequência, e que é em alguma medida paradoxal, ele fala que nós precisamos defender os fortes dos fracos, defender os superiores dos inferiores, isso porque Nietzsche não está falando de qualidades, mas de quantidades, há muito mais tipos inferiores do que tipo superiores, então eles numericamente acabam se tornando mais fortes.

Outro elemento para o qual Nietzsche chama sempre a atenção, os tipos humanos superiores geralmente são mais honestos e verdadeiros. A formação de Nietzsche era filologia, com isso ele fez diversas pesquisas sobre a origem sânscrita de alguns idiomas europeus, e afirmou que na raiz da palavra sânscrita que deu origem aos vocábulos europeus para nobre, para aristocrata, está antes de tudo verdadeiro. Os tipos humanos superiores não têm o hábito da mentira, da dissimulação e da falsidade, que são ferramentas por excelência dos tipos humanos inferiores, e que o domínio dessas ferramentas põe eles em uma vantagem significativa em relação aos tipos humanos superiores. A capacidade de mentir, de dissimular, de fingir, inclusive de prometer sem ter a menor intenção de cumprir a promessa, tudo isso faz parte de todo esse enredo paradoxal que é o pensamento do Nietzsche.

Nietzsche escreveu um livrinho, um opúsculo chamado *O Caso Wagner: um problema para músicos* onde ele faz uma análise da sua relação com o compositor. Wagner foi uma das figuras mais importantes da juventude de Nietzsche, talvez a mais importante. Wagner foi um dos grandes influenciadores da juventude do filósofo, e bem na introdução deste livro Nietzsche fala mais ou menos assim: Wagner foi o grande decadente de sua época, o que quer dizer que Wagner estava num patamar superior e decaiu, perdeu potência. Nietzsche atribuiu a decadência de Wagner à bajulação, ele afirmou que quando Wagner começou a viver a realidade do seu séquito de fãs, esse grande fã clube europeu que se formou em torno do Wagner, o compositor abriu mão de produzir arte de vanguarda, que desafiava o espectador, e passou a produzir uma arte mais amena para agradar o fã-clube. Essa concessão foi o caminho da decadência de Wagner.

Nietzsche faz uma análise parecida de Napoleão Bonaparte, que também era um indivíduo de alta hierarquia tipológica, mas que quando entrou no jogo político e começou a atender aos interesses políticos dos seus correligionários mais próximos, começou também a viver esse processo de decadência tipológica.

Dessa forma, Nietzsche fala, na introdução do *Caso Wagner*, que o artista foi o maior caso de decadência de sua época. O filósofo afirma ainda que ele, como Wagner, foi também um decadente, e que, por isso, se sentia muito à vontade para falar de Wagner e da decadência. Em seguida, diz algo como "eu também fui um decadente, mas eu me defendi, o filósofo em mim me defendeu". O que o Nietzsche está afirmando? Ele está afirmando que se vê como um tipo humano superior e que viveu a experiência da decadência, a experiência da perda de potência, do esvaziamento da sua vontade de poder, e da adoção de todos os comportamentos típicos dos tipos humanos inferiores.

O que mais chama a atenção é a cura de Nietzsche: ele diz que o filósofo nele o defendeu, mas essa daí é uma discussão para quando formos falar da estrutura pulsional dos indivíduos. Nietzsche fala também que parte da cura dele foi assistir as óperas do compositor espanhol George Bizet, principalmente a sua obra mais famosa, Carmen. Segundo o filósofo, quando ele conheceu Carmen, voltou a sentir o que é ter sangue nas veias, o frio foi espantado e pôde sentir o calor do Mediterrâneo; por isso, Carmen faz parte da sua cura – a arte, ou determinado tipo de arte, pode ter um papel terapêutico!

Sabemos agora que neste conjunto de obras da maturidade, exceção ao *Zaratustra*, o além-do-homem é uma das figuras da tipologia dos tipos superiores, e principalmente, ele é alcançável, é possível que qualquer um se torne um tipo humano superior. Para Nietzsche, o mais superior de todos os superiores foi Goethe. O poeta alemão, autor de *Fausto*, é o tipo humano superior mais incrível, principalmente porque Goethe não teve a experiência da decadência, ele chegou a um nível de excelência humana no qual aceitou a angústia como modo de vida.

Goethe não vivia a experiência da negação, tudo o que chegava a ele era assimilado e tornado arte, para Nietzsche, o homem Goethe foi um campo de batalha, e ele aguentou o peso de ser um campo de batalha, e deu vazão a essa batalha por meio das suas obras de arte. Temos então que o tipo humano superior, o além-do-homem, é alcançável e há até mesmo exemplos históricos dele, como Goethe.

A situação é muito diferente quando nós mudamos das outras obras deste período maduro de Nietzsche (*Além do bem e do mal, O anticristo, Crepúsculo dos Ídolos, Ecce Homo, A genealogia da moral*) para *Assim Falou Zaratustra*, nesta obra o além-do-homem é uma figura distinta.

Assim falou Zaratustra por si só já é um livro bastante diferente do restante da produção intelectual de Nietzsche. Tirando as obras da juventude a maior parte dos livros posteriores do filósofo são de aforismos, embora nem sejam propriamente aforismos, pois aforismos são textos curtos, são livros de parágrafos dispersos que não formam necessariamente um todo, mas isso é apenas uma aparência, o estudo profundo das obras mostra algo bem diferente. O *Assim falou Zaratustra* não, ele é uma novela, novela no sentido de que ele tem um personagem, tem um enredo e uma série de acontecimentos que envolvem este e outros personagens.

Zaratustra, o personagem central do livro, está desde o início do enredo em busca do além-do-homem, o que é dito logo no início do livro, mas há também outro conceito fundamental da filosofia madura de Nietzsche que permeia todo o livro, o de eterno retorno do mesmo.

Essa expressão apareceu pela primeira vez em *A gaia ciência*, na seção 341, que tem por título "O instante extraordinário", mas é de fato em *Zaratustra* que o conceito tem seus desdobramentos mais significativos. O eterno retorno é a ideia de que tudo retorna, então as nossas vidas terminam e reiniciam, terminam e reiniciam, sem nenhuma possibilidade de transformação, não vamos aprender com os nossos erros do passado para mudar o futuro, então o eterno retorno do mesmo é do mesmo, nele não há possibilidade de mudança.

Podemos então afirmar que *Zaratustra* é um livro sobre o eterno retorno, e o enredo do livro já se dá em um movimento do eterno retorno. O livro começa com Zaratustra acordando na sua caverna com o sol brilhando sobre ele, é claro que há aí uma alusão ao mito platônico da caverna, mas para além disso, é interessante notar que o livro acaba com Zaratustra indo dormir nessa mesma caverna, ou seja, o livro todo se passa como um movimento do eterno retorno. A caverna de Zaratustra fica numa montanha; então, quando ele sai da sua caverna, ele desce. Uma outra chave de leitura importante para esta obra é estar atento às metáforas espaciais, elas são muito significativas. Então Zaratustra desce da caverna para a cidade e começa a falar com as pessoas, a fazer discursos nos quais fala que está procurando o além-do-homem.

Quando ele fala do além-do-homem, a população à sua volta contrapõe ao além-do-homem outra figura, essa figura é o último homem. O último homem é uma das críticas sociais mais significativas de Nietzsche, com essa expressão o filósofo simboliza o europeu de sua época, o último homem é um ser humano conformado com a vida e que acredita que ele é o sentido e objetivo da história, acredita inclusive que ele vai fazer com que o reino dos céus desça à Terra, numa clara crítica ao socialismo.

Embora já tenha pesquisado bastante, nunca encontrei nada sobre eventuais leituras que Nietzsche possa ter feito da obra de Marx, não há nenhum indício de que Nietzsche tenha lido Marx. Apesar disso, Nietzsche foi um crítico do socialismo, e para o filósofo de *Zaratustra* os socialistas fazem parte desta figura do último homem, bem como os burgueses, os democratas, os anarquistas. Todos eles são pessoas que acreditam que são as donas da verdade e que a sua verdade é tão boa, mas tão boa, que vale a pena matar por ela.

Em *Além do bem e do mal* o filósofo escreve mais ou menos assim, "as convicções são inimigas da verdade mais fortes do que a própria mentira" então as convicções são uma das características deste último homem. Em outros momentos de sua obra, Nietzsche retrata o último homem como um escravo. Lembrando que a noção nietzscheana de escravidão é diferente, mas não menos dolorosa: para o filósofo quem não tem pelo menos três quartos do dia para si próprio é um escravo, não importa que ele seja um banqueiro, um intelectual, ou um artista.

O último homem é um escravo, escravo das circunstâncias históricas em que vive. O que chama a atenção é que ele pede por essa escravidão, ele a quer mais do que tudo. O último homem somos nós, que abandonamos a ideia de felicidade e a temos progressivamente substituído pela de conforto. A imensa maioria de nós está prontamente disposta a abrir mão de qualquer ideal de felicidade por um bom apartamento com ar condicionado nesses dias quentes, ou uma casa com uma churrasqueira e uma piscina no fundo. Isso tudo vai configurando essa figura que Nietzsche chama de o último homem. Então no *Zaratustra* nós vemos essas duas figuras em contato constante, na primeira parte da obra Zaratustra fala do além-do-homem e a população à sua volta fala que prefere o último homem.

Daí em diante as referências ao último homem continuam, porém esporadicamente. Por exemplo, há um momento do livro em que Zaratustra entra em uma cidade e é recebido pelo que Nietzsche, muito jocosamente, chama de aleijados ao contrário: pessoas que carregam uma deformidade, mas esta deformidade é o super desenvolvimento de alguma parte do corpo; há, por exemplo, uma pessoa que na verdade não é uma pessoa, é uma grande orelha e naquela orelha enorme está pendurado um pequenino ser humano; outro é uma grande boca; outro um grande olho. Esta metáfora também compõe a crítica do Nietzsche ao último homem, que desenvolve uma intelectualidade de superfície, se entregando cada vez mais a especializações e não sendo capaz de compreender o todo, o último homem é sempre, e acima de tudo, um especialista.

Conforme o enredo da obra avança, Zaratustra vai percebendo que o além-do-homem é algo mais difícil de se encontrar do que ele próprio imaginava, percebe também que nem ele próprio alcançará este último patamar. Mas por que Zaratustra não será capaz de se tornar o além-do-homem?

Então, na maior parte das obras do Nietzsche, nós encontramos a distinção entre superiores e inferiores. Na terceira dissertação da *Genealogia da moral*, fale-se de um intermediário entre os superiores e inferiores, que é o sacerdote, mas não se avança muito na análise desta figura. Já em *Zaratustra* o além-do-homem é mostrado como um terceiro tipo, um tipo distinto, não mais uma das figuras dos tipos humanos superiores, como encontramos nas outras obras do mesmo período. Isso fica bastante claro na parábola das três metamorfoses, contada por Zaratustra. Essa parábola fala que o espírito humano é um camelo cheio de pesos sobre ele próprio, pesos que não são dele, pesos que ele não escolheu, pesos dos quais ele não pode se livrar, pelo contrário, o camelo se abaixa e fica feliz que o carreguem cada vez mais com todos esses pesos.

Com esta carga, o camelo ruma para o deserto, onde ele sofre uma metamorfose e joga o os pesos para trás, se transformando em um leão. O camelo é a figura do tipo humano inferior, e o leão é a figura do tipo humano superior, ele é o animal de rapina, é o animal da violência, da agressão etc. Após isso, e ainda no deserto, o leão encontra um dragão, em cada escama do dragão está escrita a expressão "tu deves". O dragão é claramente uma representação dos valores morais. O leão é a criatura que tenta afirmar a si própria, sendo um tipo superior ele tenta agir motivado por sua vontade e criar seus próprios códigos de conduta, e o dragão representa um conjunto de esforços para fazer com que o leão volte a ser um camelo.

O dragão é o grande inimigo do leão, eles se confrontam e o leão vence quando percebe que mais do que o dever imposto pela moralidade, a ele leão, importa a vontade, é neste momento da parábola que o leão diz ao dragão "eu quero" como resposta ao "tu deves". O dragão diz "tu deves", e o leão diz "eu quero": eu não faço porque me mandaram fazer, eu faço porque eu escolhi isso para mim; eu não faço porque eu devo, eu faço porque eu quero. O leão é um criador de valores, quando ele fala eu quero, está criando valores e impondo sua vontade como um valor, mas para Nietzsche esta é uma criação ressentida, porque é feita no confronto com outra criação: o dragão enquanto representação da moralidade.

Ainda nessa parábola, o espírito humano sofre uma terceira metamorfose e vira uma criança, a criança é a figura do além-do-homem, isso porque ela não sofre os ressentimentos da vida, e também não sofre da gravidade, não no sentido físico, mas no sentido de seriedade, de austeridade. Crianças não são austeras, crianças não olham a vida com esse olhar de preocupação. Ou pelo menos não essa mitologia que nós temos acerca das crianças. Há grande semelhança entre a criança da parábola e a criança de Heráclito brincando com as bolas de gude.

Então Zaratustra traz essa nova figura, um terceiro tipo humano, não é o tipo humano inferior, não é o tipo humano superior, é um tipo humano que transcendeu a condição humana.

Respondendo agora a pergunta que nos motiva desde o início: esse é o além-do-homem de Nietzsche, ou pelo menos sua versão mais original, exclusiva da obra *Assim falou Zaratustra*. A chave para o seu surgimento é a superação do ressentimento. O leão cria, mas sua criação padece do ressentimento, porque é feita no confronto, na luta, baseada no que o outro, o dragão, trouxe como força oposta à vontade do dragão. A criança não, ela é pura afirmação, ela é a expressão máxima de um conceito que aparece pela primeira vez também no *Assim falou Zaratustra,* que é *amor fati; amor fati* é o amor à vida como a vida se apresenta, sem querer que ela se altere, ou sem se ressentir com a vida por ela ser do jeito que ela é.

Zaratustra conta a parábola das três metamorfoses, e intui ali que ele, Zaratustra, não vai alcançar o além-do-homem. Esse é o elemento trágico fundamental de *Assim falou Zaratustra*. É importante ter em mente que Nietzsche pensou essa obra como uma tragédia, pois aquilo que Zaratustra quer não pode ser alcançado, se nas outras obras o além-do-homem é alcançável, porque ele é um tipo humano superior, em *Zaratustra* não, ele resta como um ideal, ele não é alcançado, Zaratustra não consegue se tornar o além-do-homem. Qual é o obstáculo?

Cada vez que você relê um livro, você percebe coisas que anteriormente não tinha percebido, eu já li o *Assim falou Zaratustra* umas oito vezes, e fiz algumas leituras bem focado em procurar indícios, então quando lemos o *Zaratustra* desde o começo procurando o eterno retorno, percebemos que ele vai surgindo na forma de uma série de indícios ao longo da obra, até que ele tem o seu aparecimento de fato em um trecho do livro chamado "Da visão e do enigma", esta é a minha parte predileta do livro, ela toda é muito obscura, a as metáforas espaciais são extremamente carregadas: Zaratustra está subindo uma montanha e ele carrega sobre si o seu inimigo, um anão chamado espírito de gravidade.

Zaratustra quer subir, mas pesa sobre ele o seu inimigo, o espírito de gravidade, gravidade aí pensada como força inercial que puxa para baixo, mas também como seriedade, como austeridade, afinal Zaratustra gosta de dançar, e a dança requer leveza, por isso seu inimigo é o espírito de gravidade, aquele que se opõe ao que é leve, ao que se move rapidamente. Zaratustra gosta de dançar, e Nietzsche fala que não seria possível acreditar em um Deus que não dançasse, e Dionísio dança. E Zaratustra também dança em alguns momentos da obra, e o Espírito de gravidade impede a dança, então é uma parte muito significativa do livro.

Zaratustra então sobe a montanha e em dado momento se depara com um portal. Nesse portal, há duas estradas, uma para um lado, a outra para o outro lado. E ele fala para o anão, mais ou menos assim: "você acha que se alguém percorresse eternamente essas estradas, elas sempre continuariam a se contradizer?". E Zaratustra diz que não, que tudo retorna, que quem for pela estrada da esquerda chegará na estrada da direita, e que quem for pela estrada da direita chegará na da esquerda.

Nesse momento o anão fala algo que assusta: "tudo o que é reto mente, toda verdade é torta, o próprio tempo é um círculo". Esta frase é estranha porque o inimigo de Zaratustra confirma aquilo que Zaratustra está falando.

E Zaratustra o repreende: "não tão rápido assim!". O anão é uma representação do último homem, porque é bastante comum que o último homem aceite intelectualmente as ideias de forma apressada, mas não se permita sentir o impacto dessas ideias intelectuais sobre ele, então é aquela ideia de eu sei de tudo, mas eu acabo não vivendo nada. O último homem é o grande especialista em todas as coisas, sabe de tudo, mas ele não vivência nada. É isso que o anão tenta fazer quando ele é defrontado com uma coisa muito pesada, com algo muito incrível, que é o portal.

No topo deste portal, há uma placa com o nome do portal, que se chama "instante". Isso nos remete à *Gaia ciência*, quando o eterno retorno é anunciada pela primeira vez, na seção que se chama "Instante extraordinário". É como se o anão dissesse: "beleza, tudo que é reto mente, a verdade é torta e vamos adiante, não me incomode Zaratustra com coisas que fazem pensar, eu sou o último homem, eu não quero ter que pensar, eu não quero ter que me debruçar sobre coisas que podem bagunçar o meu conforto, sabe Zaratustra, a vida está muito boa, por que pensar nisso? Para que ficar gastando cabeça com isso Zaratustra? Vamos embora, seria o melhor para nós...". Então esse é o primeiro encontro de Zaratustra com o eterno retorno, e ele não aguenta o impacto, impacto do eterno retorno é muito pesado, e Zaratustra foge.

Em seguida, Zaratustra ouve um grito, e o grito é a possibilidade de fuga do portal, pois ele corre para o local de onde o grito veio, lá há uma árvore, e deitado sob ela há um homem, e na boca do homem há uma serpente, ela entrou na boca dele enquanto ele dormia, e o está sufocando. Zaratustra puxa a serpente, porém ela não sai, pois havia mordido a garganta do homem por dentro, e estava presa por lá.

O eterno retorno na tradição alquimista é simbolizado por uma serpente que morde a própria cauda, esse símbolo alquímico se chama oroboro, então Zaratustra se depara com um oroboro.

Avançando na leitura do livro nós descobrimos que esse homem deitado sob a árvore é o próprio Zaratustra. Ele é o homem deitado sob a árvore, e também é ele que puxa a cobra, que por sua vez é o eterno retorno, porque a cobra vai entrar e vai retornar. Então nós temos aí o movimento do eterno retorno. Zaratustra fala para o homem deitado sob a árvore "morde, morde!" para que o homem morda a cabeça da cobra e a decepe. Ele morde e cospe fora a cabeça da cobra.

A cena toda se configura como uma recusa ao eterno retorno, o eterno retorno se insinua de um modo extremamente violento, e Zaratustra não dá conta dele, o personagem tentou fugir do eterno retorno simbolizado no portal, indo socorrer quem gritava, mas o eterno retorno se insinua novamente, agora na figura assustadora da cobra dentro da boca do homem, na figura do oroboro, esta é a segunda aparição do pensamento mais pesado de todos.

Posteriormente Zaratustra acha que está pronto para o eterno retorno e ele evoca o eterno retorno, ele fala "venha meu pensamento mais pesado, venha de dentro de mim, de dentro das minhas entranhas" e quando o eterno retorno assoma, digamos assim, ao eu pulsional daquele momento, Zaratustra adoece, pois novamente não aguenta o impacto do eterno retorno e daí em diante ele rompe com o eterno retorno. Há novas referências ao eterno retorno nos animais de Zaratustra, mas ele não dá conta.

Qual é o problema do eterno retorno para Zaratustra? Um dos elementos fundamentais do tipo humano superior é a vontade, o tipo humano superior é caracterizado ao longo de toda obra nietzscheana como um homem de muita potência, de muita vontade, a vontade dele é o que há de mais incrível nele. O eterno retorno mostra o ponto fraco da vontade.

Qual é o limite da vontade?

O limite da vontade é o tempo, mais especificamente o passado. A vontade é uma capacidade que só se exerce daqui em diante, não é possível querer para trás. A vontade tem no eterno retorno o desafio máximo, porque quando se aceita o eterno retorno, e a lógica de que tudo vai se repetir perpetuamente, você aceita ser inserido em um *looping* permanente no qual a sua vontade não pode fazer absolutamente nada, por isso Zaratustra recua, pois aceitar o eterno retorno é anular a própria vontade porque no eterno retorno a vontade perde o sentido, pois nada vai se alterar, não importa o que você quis, ou o que você quer nesta edição do retorno, você vai querer exatamente a mesma coisa que você quis na edição anterior, e vai seguir querendo em todas as edições posteriores. Zaratustra não aceita tal realidade e recua.

Só seria possível se tornar o além-do-homem abraçando o eterno retorno, abraçando a possibilidade de anular a própria vontade por mais paradoxal que isso seja, até porque quem conseguir abraçar o eterno retorno nessa edição, abraçou na anterior, e vai abraçar nas posteriores, a vontade não vai fazer diferença.

Há um impacto, eu vou usar uma palavra que não é adequada, mas ela é a que está mais ao nosso alcance, há um impacto existencial muito significativo em aceitar o eterno retorno: é aceitar que a nossa vontade não faz a menor diferença nas nossas vidas, que o que nós achamos que são as nossas escolhas, não são escolha coisa nenhuma, e, principalmente, é lidar com a ideia de que tudo o que já aconteceu em nossas vidas, vai acontecer novamente. Isso é muito bem caracterizado na *Gaia ciência*, todas as alegrias que nós já experimentamos serão revividas, mas também todas dores, todas as pequenas misérias da vida, todas as traições, todos os abandonos, todas as negligências, a morte das pessoas que nós amamos, o nosso envelhecimento, a decrepitude que vem com esse envelhecimento, tudo isso vai se repetir. Vai se repetir o mundo que nós estamos vendo, este mesmo e exato mundo em que um policial mata um homem asfixiado com o joelho no pescoço dele como se se tratasse de um animal peçonhento, o mundo no qual mais de mil brasileiros morrem todos os dias de uma doença que a ciência não consegue conter, e que o presidente da República simplesmente ignora, o eterno retorno vai trazer isso tudo de volta, e vai trazer a cada um de nós nesse processo de repetição, e vai trazer a nossa impotência face a todos esses eventos.

E é isso que Zaratustra não suporta, ele não consegue lidar com o peso que isso representa. E convenhamos, às vezes, eu falo do eterno retorno brincando com os alunos e pergunto, quem aí aceitaria o eterno retorno? E as pessoas apressadamente falam "eu aceitaria". E muitas das vezes esse "eu acei-

taria" é o anão em cima de Zaratustra falando "beleza Zaratustra tudo que é reto mente, a verdade é torta vamos embora
daqui viver a vida".

Respondendo à pergunta inicial que mobiliza o nosso
encontro de hoje, quem é o além-do-homem de Nietzsche?
Existem duas figuras do além-do-homem na obra do Nietzsche. Aquela que aparece no *Zaratustra*, que é um terceiro tipo
humano, que não pode ser alcançada; e há o além-do-homem
que aparece nas outras obras, que é uma das figuras dos tipos
humanos superiores, e que pode ser alcançada.

Espinosa: Auxílio Mútuo e Democracia

Fernando Bonadia de Oliveira
Doutor em Filosofia. Professor da Universidade Federal Rural do Rio de Janeiro.

Espinosa e o mundo contemporâneo

Nossa ideia aqui é fazer com que o pensamento de Espinosa possa se comunicar com o mundo contemporâneo, ou seja, trazer Espinosa do século XVII, que é o século dele, para o nosso tempo. Esse movimento não é uma novidade, e muitos comentadores têm dito que Espinosa é um autor que dialoga muito com o presente. Em especial, entre esses comentadores, temos Antonio Negri, que publicou em 1981 *A anomalia selvagem* e nela, desde o prefácio, anuncia que vai abordar a filosofia de Espinosa como uma filosofia contemporânea. Assumindo tal perspectiva, o filósofo italiano afirma que Espinosa pensou uma filosofia do porvir, porque o seu tempo não era o tempo dele, mas o nosso tempo (NEGRI, 1993, p. 26).

Entre os vários argumentos que Negri apresenta para mostrar como Espinosa dialoga com o contemporâneo, há o fato de que o filósofo viveu também, como nós vivemos hoje, um momento de crise. Espinosa teria testemunhado a primeira crise do capitalismo na Holanda, a terra onde ele acabou nascendo e onde havia um grande fluxo comercial. Esse lugar, que hoje nós chamamos de Holanda, sentiu essa crise 30 anos depois de seu início na Europa (NEGRI, 1993, p. 45). É evidente que cada crise do capitalismo é uma crise diferente, e não se pode generalizar, mas em todas as crises capitalistas sempre se percebe que a ideologia tende a querer dar uma resposta dentro do universo de alcance do próprio capitalismo. Nesse sentido, sempre que a ideologia capitalista se defronta com a crise, tenta encontrar uma resposta imediata. Segundo Negri, Espinosa procurou, no século XVII, pensar a crise em outros termos, contrários aos de Thomas Hobbes, que teria sido um autor voltado a buscar com a sua filosofia uma salvação para a crise. Espinosa não definiu o horizonte ontológico da sua filosofia a partir dos movimentos do capitalismo, mas tentou pensar outro projeto de constituição social e política, no qual a crise não tivesse espaço (NEGRI, 1993, p. 45-46). Justamente por isso Espinosa não se alinhou aos filósofos tradicionais do século XVII, aqueles que nós chamamos de jusnaturalistas. Espinosa não seguiu a teoria tradicional do contrato social, por exemplo.

O que entrou em crise no tempo de Espinosa foi, na opinião de Negri, o sonho de uma socialização linear dos efeitos do capitalismo, quer dizer, a ideia de que o capitalismo é um sistema econômico produtivo no qual todos têm espaço e podem igualmente ganhar. Esse sonho teria entrado em crise justamente no tempo de Espinosa que, ciente disso, procurou um novo projeto de constituição social, diferente do de Hobbes, o "Marx da burguesia". Porque o Marx da burguesia? Segundo Negri, Hobbes foi o pensador que tentou instrumentalizar o capitalismo, ou então, fazer com que o desenvolvimento do capitalismo atravessasse a crise e voltasse a se sustentar plenamente. De Hobbes, vieram dois princípios: primeiro, a ideia de que é necessária uma mediação política entre a multidão e o soberano; depois, a ideia de um comando firme à espécie mesmo de um Leviatã que, de cima, organiza o sistema (NEGRI, 1993, p. 46). No momento atual, vários novos Marx da burguesia têm aparecido. Vemos, por exemplo, aqueles velhos neoliberais, que agora falam em "renda básica", ou então da importância do Estado em tempos de pandemia e ruína social.

É muito significativa a passagem de um olhar hobbesiano a um olhar espinosano. Espinosa entra aqui, nesse nosso encontro, como alguém que está tentando pensar não uma resposta para a crise pela qual passamos agora, mas formular uma proposta para outro projeto constitutivo. Nesse projeto, um projeto democrático, a noção de auxílio mútuo adquire um grande significado.

Para além da crise do capitalismo do seu tempo, Espinosa teve também que enfrentar uma peste, da mesma forma que atualmente enfrentamos a grande epidemia do coronavírus. Temos, inclusive, relatos de que o filósofo, para se isolar, ficou hospedado na casa da família do amigo Simon de Vries (OLIVEIRA, 2018, p. 30), na região holandesa de Schiedam. Por conseguinte, não só por razões teóricas, mas também por motivos circunstanciais, a filosofia espinosana pode fazer muito sentido no tempo presente.

Espinosa e seus estigmas

Certamente, quando um filósofo como Espinosa é colocado a pensar o mundo contemporâneo a partir de nós, por não dispor daquele fundamento jusnaturalista a que todos estamos acostumados ao estudar as filosofias do século XVII, tendemos a colocá-lo como inclassificável. É uma coisa muito interessante: há aqueles que fazem a leitura de um Espinosa liberal. Nessa linha, por defender a democracia, Espinosa seria então alguém que buscaria um projeto de mundo mais ou menos parecido com isso que a gente vive hoje. Talvez essa seja a visão de Espinosa com a qual eu menos concorde. Há também os que defendem um Espinosa democrático, e tendem a ver o projeto espinosano de democracia como algo que nada tem a ver com o que atualmente se chama de "sociedade democrática". Segundo o próprio Negri (1993, p. 279), já se falou também de um Espinosa aristocrático, de um Espinosa monarquista constitucional e inclusive se fala ainda de um Espinosa anarquista, tanto à direita, quanto à esquerda. É, de fato, muito curioso: a direita recrimina Espinosa como um anarquista para destruí-lo, e alguns anarquistas, ou alguns intérpretes próximos ao pensamento anarquista, tentam interpretar Espinosa ao modo anarquista para compor dele uma imagem favorável. E se seguirmos para o campo exterior à política, para a teoria do conhecimento, por exemplo, o debate não para. Há quem chame Espinosa de racionalista, outros de intelectualista. No campo da física, alguns dizem que Espinosa era mecanicista; outros já não sabem qual mecanicismo seria o dele, ou se ele seria mesmo antimecanicista. Recentemente, até com argumentos plausíveis, vem se falando de um Espinosa quântico. E, no campo religioso, dá-se a maior confusão de todas: chamam-no de ateu e, por outro lado, de místico. Por isso, o espinosismo é uma figura muito problemática de se situar. Não posso, porém, ignorar e dizer: "bem, existem essas linhas todas de interpretação, mas eu não me ligo em nenhuma, porque faço uma interpretação original". É necessário considerar essas diversas leituras possíveis e, até por uma questão de honestidade intelectual, convém explicitar qual concepção de Espinosa estamos propondo.

Conforme também admitem outros estudiosos, tenho pensado Espinosa como materialista, mas antes que alguém coloque a imagem do materialismo dos séculos XVIII e XIX para pensar este "Espinosa materialista", devo dizer que cada intérprete materialista de Espinosa faz uma vinculação própria do filósofo a determinada corrente materialista. Por exemplo, Negri (1993, p. 190-191) situa Espinosa numa linha filosófica que, diz ele, vai de Maquiavel a Espinosa e de Espinosa a Marx. Essa corrente se oporia ao filão sublime do pensamento burguês que tem sua origem em Hobbes, passa por Rousseau e termina com Hegel. Os estudiosos franceses associam muito Espinosa a Epicuro e Lucrécio. Particularmente, tendo a colocar Espinosa numa vertente da filosofia que se inicia com Anaxágoras de Clazômena, o famoso grego. Já que estamos em um grupo nietzschiano, devo ainda dizer que uso muito da interpretação que Nietzsche faz de Anaxágoras para favorecer minha tese (OLIVEIRA, 2015, p. 39-52).

Para podermos pensar hoje o tema do auxílio mútuo, é válido enfatizar essa imagem que eu quero compor de Espinosa como materialista. Mesmo ciente de que o próprio Espinosa, de acordo com o nível conceitual de seu tempo, não se reconhecia como materialista, insistimos nessa concepção, porque veremos que é justamente na materialidade da vida, na experiência real dos indivíduos no mundo, que descobrimos, pela razão e pela paixão, que unindo forças e compondo algo mais forte do que cada um de nós isoladamente encontraremos a melhor forma de viver. Portanto, essa posição que eu assumo com Espinosa tem muito a ver com a análise que farei do tema do auxílio mútuo.

Feita essa contextualização do pensamento de Espinosa, que permite tomá-lo como contemporâneo, e marcadas as diversas imagens que dele fazem os comentadores, cabe agora um aprofundamento, um pequeno aprofundamento em alguns conceitos espinosanos, para depois podermos ler algumas passagens da obra de Espinosa que se relacionam com o tema do auxílio mútuo e que, segundo penso, constituem um exercício que pode nos tornar um pouco mais atentos à leitura do espinosismo. Eu chamaria essa parte de "aprofundamento didático", porque, para mim, a didática não tem nada a ver com facilitação ou simplificação de conhecimento. Entendo a didática como uma espécie de trabalho do conhecimento que conduz ao controle da superfície de um assunto para que possamos nos aprofundar nele. A didática, para mim, tem sempre esse sentido[1].

Eu não vou passar em detalhe toda a cadeia dedutiva do pensamento de Espinosa para fundamentar cada afirmação que eu vou fazer. Não vou também fazer aquela análise, como talvez alunos de filosofia queiram ou esperam que eu faça, atentando a cada linha das citações de Espinosa. Pretendo trazer alguns princípios do pensamento espinosano para, partindo deles, poder ler o texto do filósofo com vocês.

Essa parte conceitual exige fôlego e paciência; sobretudo de quem não está acostumado à Filosofia. Quem nada conhece do filósofo vai aprender um pouco sobre ele e quem já o conhece vai poder rever alguns conceitos; quem, enfim, é especialista em Filosofia Moderna poderá – depois desta *live* – me dar alguns conselhos sobre como posso didatizar melhor, ou ser mais preciso na minha didatização. Independentemente do modo pelo qual tornamos didático um conhecimento, sempre o distorcemos em alguma medida. Mas é justamente

---

1 Dialogo aqui com a maneira pela qual a professora Lídia Maria Rodrigo (2009, p. 88) entende a questão da didática em Filosofia.

sobre essa distorção, confessada e determinada, que esse encontro se desenrola.

Aprofundamento didático sobre a filosofia de Espinosa

Espinosa distingue na Filosofia *substância* e *modo*. Por substância, ele entende aquilo que existe em si mesmo e é concebido por si mesmo; trata-se daquilo que não depende do conceito de nenhuma outra coisa para existir. Espinosa pensa a substância como causa de si. A substância, causa de si mesma, não tem nenhum exterior, pois não é determinada por nada fora dela; por ser causa de si, só pode ser concebida como existente. Em breves palavras, a substância é a afirmação absoluta da existência, uma interioridade absoluta, porque não há nada fora ou além dela. Por outro lado, existem os modos. Os modos existem sempre em outra coisa pela qual eles também são concebidos; não são causa de si mesmos, mas dependem de uma causa para que possam vir a existir e, por isso, são sempre efeitos, embora possam também produzir seus efeitos. Mesmo aptos a causar efeitos em outras coisas, dependem daquilo que está fora deles.

Para que se compreenda melhor a substância, cabe entender que a substância consta de infinitos atributos, cada um dos quais exprime uma essência eterna e infinita. Eu não vou me demorar na ideia de atributo, porque não me parece necessária aqui. Pensemos, ainda que de forma superficial, que Espinosa está definindo a substância como isso que consiste de infinitos itens, cada um deles infinito em si mesmo. Vocês podem imaginar que ele está falando dessa afirmação realmente absoluta da existência, daquilo que só podemos conceber como existente. Por outro lado, os modos são definidos como as afecções da substância, ou seja, modificações da substância e, conforme já afirmamos, são efeitos. Os modos são, em resumo, modificações dos atributos da substância.

Espinosa distingue os modos infinitos e finitos. No entanto, vamos nos manter atentos aos modos finitos, também conhecidos como coisas singulares, aquelas que têm uma existência finita e determinada. É nesse campo das coisas singulares que encontraremos o indivíduo humano e todas as outras coisas que existem e têm uma interioridade sempre relativa, bem como uma exterioridade necessária. A substância, em contrapartida, é uma interioridade absoluta, porque, como foi visto, não há nada fora dela que a limite, delimite ou constranja.

Até aqui, quem já fez alguma leitura da metafísica de Aristóteles ou de Tomás de Aquino sabe que o que eu estou fazendo é trazer conceitos da tradição filosófica, como substância, modo, afecção, acidente etc. A questão interessante a assinalar é que Espinosa está subvertendo esses conceitos no interior da tradição, dando-lhes uma compreensão muito diferente daquela que normalmente tiveram. Quando a filosofia espinosana assegura que a substância, ou seja, aquilo que se chama Deus, o ente absolutamente infinito (que consta ou consiste de infinitos atributos, cada um deles exprimindo uma essência eterna e infinita), nada produz fora dele, mas tudo produz em si mesmo, então se dá o horror da tradição filosófica. No momento em que Espinosa garante isso, como disse a escritora Hilda Hist, "a santa levanta a saia". Por que? Porque para a grande tradição filosófica, Deus é uma substância que cria o mundo, mas ele mesmo está fora do mundo. Na versão tradicional, o ser supremo dá a este mundo certas leis, certas regras, pune uns, premia outros, mas está fora, como um verdadeiro monarca absoluto, conduzindo e vigiando suas criaturas dele separadas. Espinosa está, em sentido oposto, afirmando a tese da causalidade imanente, que rompe com a tradição filosófica sustentando um Deus transcendente ao mundo.

Tenhamos em mente o seguinte: os modos finitos podem se relacionar com a exterioridade de tal forma que passam a ser dominados por ela; nessa medida, se encontram impotentes. Entretanto, também podem estabelecer com a exterioridade uma relação de liberdade, uma relação pela qual, valendo-se das causas exteriores, tornam-se cada vez mais potentes (interiormente) para continuar a existir.

Quem já estudou a obra Ética de Espinosa percebe que estou me avizinhando do conceito de esforço (em latim: *conatus*). O conatus é um princípio fundamental para política, embora aqui ele esteja se relacionando à toda coisa singular, não importa se é homem, planta ou qualquer outra coisa. Em breves palavras, o conatus é esforço pelo qual toda coisa se empenha em perseverar na sua existência. Deste princípio Espinosa conclui que a destruição de uma coisa singular jamais vem de dentro dela. O que leva ao perecimento, seja qual for a coisa singular, vem sempre de algo exterior[2].

Para que possamos chegar ao campo do humano, precisamos tentar entender melhor o que significam para Espinosa corpo e mente e, a fim de explicar isso, fareia seguir uma pequena imersão na Física espinosana.

Para o filósofo, o corpo é uma modificação de um atributo da substância, que é a extensão; a mente é uma modificação do atributo pensamento. Este é, porém, apenas o estatuto ontológico do problema do corpo e da mente. Cabe agora entender os corpos e as mentes na prática. Nessa perspectiva, os corpos correspondem a um conjunto de indivíduos que podem ser mais ou menos complexos. Um corpo extremamente simples seria um corpo constituído de partes muito homogêneas ou muito semelhantes umas às outras; já um corpo complexo é composto por uma série de indivíduos constituídos de várias partes heterogêneas.

Tomemos agora estes dois corpos (um simples e outro complexo) e imaginemos que eles se encontram[3] ou se tocam. Nesse momento, dá-se uma afecção. O que é afecção? A afec-

---

2 Convém não opor nem identificar imediatamente o conatus espinosano à vontade de potência de Nietzsche. Há vários estudos entre Espinosa e Nietzsche que discutem esse tema e já se formou uma bibliografia imensa sobre os paralelos possíveis entre estes conceitos. Não cabe pensar que a função do conatus é uma atividade passiva, de conservar ou manter a existência, e não força expansiva, como a vontade de potência. Perseverar na existência é, pois, no pensamento ético de Espinosa, uma atividade dinâmica.

3 O termo "encontro" (*occursus*) é aqui empregado conforme Deleuze (2002, p. 70).

ção pode ser entendida como uma modificação, um efeito, e consiste basicamente na produção de uma marca, uma imagem que os corpos deixam no encontro. Os corpos em questão não deixarão de ser o que eram, embora passem a ter, depois do encontro, uma marca que antes não tinham. No caso do modo finito humano, dessa marca que se produz entre os corpos, são dadas ideias nas mentes das pessoas. No entanto, para Espinosa, extensão (corpo) e pensamento (mente) não constituem substâncias diferentes, mas são modificações de distintos atributos, ambos constituintes da substância.

No caso do ser humano, ao mesmo tempo em que se dá uma afecção do corpo, se dá na mente uma ideia dessa afecção. Deleuze, valendo-se de um modo similar de argumentar, viu aí razão para pensarmos a materialidade ou o materialismo do processo do conhecimento em Espinosa, afinal, isto que nós chamamos de ideia tem como objeto o corpo.

De um encontro, sempre advém algum resultado: ou a potência dos corpos (potência para perseverarem em sua existência) é aumentada ou diminuída. Em determinado encontro, a potência de um corpo pode aumentar e diminuir a do outro, ou aumentar a do outro e diminuir a sua, ou as duas potências podem ser aumentadas simultaneamente, ou ao contrário, diminuídas. Mas, que é a potência? Potência é a disposição de perseverar na própria existência e de estar apto a lidar com a exterioridade de tal maneira que esta relação resulte favorável para a própria interioridade. Portanto, procuramos, como toda e qualquer coisa singular, estabelecer com as coisas que estão fora de nós as relações que permitam que nos tornemos cada vez mais potentes para continuar a existir, evitando, tanto quanto possível, encontrar fora de nós aquilo que venha a nos destruir.

Importa agora fazer uma pequena pausa para entender melhor essa ideia de potência, porque ela é essencial quando se trata de entender o direito natural. A potência, para Espinosa, nada tem a ver com aquilo que Aristóteles chama de potência, a saber, um certo "poder-ser", ou "ser em potência", aquilo que pode vir a ser. Ao contrário, a potência espinosana é, nessa perspectiva, ato. Para empregar termos deleuzeanos, podemos dizer sem grande problema, que a potência é um poder de composição, um poder de compor com outra coisa algo mais potente. Ser potente é estar disposto à composição, ao passo que o "poder" (simplesmente) é com frequência concebido como uma ação que impede a viabilização ou realização de uma composição (DELEUZE, 2002, p. 31). A potência tem essa característica de ser aquilo que nos define, nós somos a nossa potência, nosso esforço por perseverar na existência (DELEUZE, 2002, p. 33).

Diante dessa compreensão geral, cabe-nos pensar o que seria então um corpo humano potente, de acordo com Espinosa. O corpo humano é potente quando está apto a perseverar na sua existência por afetar outras coisas e ser afetado por elas de diversas maneiras. A mente humana potente é aquela que compreende as coisas não pelos efeitos da exterioridade sobre ela, mas a partir da descoberta das propriedades comuns que existem entre os corpos. O conhecimento que provém do efeito da exterioridade sobre os corpos humanos é o que se chama de imaginação; o conhecimento que se forma não pelos efeitos das coisas exteriores, mas pela descoberta das propriedades comuns que essas coisas têm, é a razão. Para entender a distinção entre a imaginação e a razão, diferença entre imaginar uma coisa e entendê-la, vale recorrer ao exemplo do sol que Espinosa dá no *Tratado da emenda do intelecto* (§78). Escreve Espinosa: "se alguém nunca pensou nos erros dos sentidos, seja pela experiência, seja de outro modo qualquer, jamais duvidará se o sol é maior ou menor do que aparece".

Trata-se de um efeito da imaginação: a imagem do sol sobre os meus olhos produz ideia derivada da exterioridade; inversamente, quando se entende, a partir da física, as propriedades comuns que as coisas corpóreas têm entre si, e se percebe, entre as propriedades da física as da ótica, descobre-se facilmente que o Sol é muito maior do que a Terra. Cabe indicar: não é por saber racionalmente quais são as propriedades do Sol, que alguém deixa de vê-lo menor do que a Terra.

A grande questão, ponto capital para o espinosismo, é saber como podemos viver de tal modo que sejamos, no mais das vezes, conduzidos pela razão e não pela imaginação.

Dizemos que o sujeito é passivo quando, na relação que estabelece com o que está fora dele, ele é causa apenas em parte do que se segue como efeito desse encontro. Nós, por exemplo, podemos ser passivo sem uma relação que nos causa o aumento da potência, mas não é incomum que tenhamos a potência diminuída. Porém, quando somos conduzidos pela razão e nos acostumamos a viver de tal modo que as coisas exteriores não regem nosso conhecimento, mas somos nós, ao contrário, que as conhecemos, então somos ativos. Nesse momento, experimentamos o aumento da potência e, por conseguinte, tornamo-nos mais aptos a participar – com as outras coisas – das relações de composição. Assim, tomamos parte da natureza, constituímos nossa interioridade e nos aproximamos, ao máximo possível, daquilo que é a substância. Vê-se como a filosofia prática encontra a ontologia e como podemos, enquanto modos finitos, participar da interioridade da substância, produzindo totalidade, quer dizer, produzindo o direito comum ou a potência comum pela qual cada um pode chegar à segurança de que continuará a perseverar (o mais livremente possível) na própria existência, porque todos estão igualmente na mesma situação.

Para que possamos chegar ao fim desse aprofundamento didático, resta ainda distinguir dois termos que aparecem na filosofia prática de Espinosa: os conceitos de bem e mal. Para o filósofo, édito bom é tudo aquilo que é útil para perseverarmos na existência; a coisa dita boa é aquela que nos torna alegres, isto é, que nos permite passar de uma perfeição menor para uma perfeição maior, ou seja, de um estado em que temos uma potência menor para um estado em que temos uma potência maior. Opostamente, é nocivo à nossa continuidade na existência tudo aquilo que nos impede de manter nossa interioridade. Em suma, nada é bom ou mau absolutamente, afinal, uma coisa pode ser boa para uma pessoa e má para outra. Espinosa, aliás, dá um exemplo: uma mesma música pode ser boa para o melancólico, pode ser má para alguém que está lastimoso, e ser indiferente para quem não ouve (Ética IV, Prefácio). No *Tratado da Emenda do Intelecto* (§1), a primeira descoberta da experiência destacada pelo filósofo (e que o conduz à decisão de, enfim, buscar saber se existe ou não um bem verdadeiro) é a de que "todas as coisas" que ele antes "temia não continham em si nada de bom nem de mau senão enquanto o ânimo se deixava abalar por elas". Ou seja, nada é em si mesmo bom ou mau.

Política: auxílio mútuo e democracia

Chegamos agora ao campo da política e principiamos por uma ideia que Espinosa expressa no escólio da proposição 9 da parte III da Ética: "não nos esforçamos, queremos, apetecemos, nem desejamos nada porque o julgamos bom; ao contrário, julgamos que algo é bom porque nos esforçamos por ele, o queremos, apetecemos e desejamos". Essa afirmação de Espinosa é instigante, porque nela se explicita que o ser humano não é constituído de tal maneira que deseja as coisas porque as coisas são em si mesmas boas. Se fosse assim, ninguém faria amizade com pessoa desonesta, não haveria ninguém casado com o próprio inimigo, nem eleitor de político genocida. O mundo seria maravilhoso e tudo estaria muito alinhado, porque nada escaparia ao bem, isto é, ao que é útil para perseverarmos na existência. Infelizmente, não é assim: julgamos as coisas boas porque as desejamos. Isso se deve ao fato de sermos, enquanto modos finitos, partes da natureza e estarmos sempre suscetíveis ao efeito da imagem das coisas sobre nós e não necessariamente àquilo que racionalmente conhecemos e que, em tese, seria aconselhável desejar. Espinosa usa algumas vezes a expressão "desejo cego" para designar o desejo atravessado pela imaginação. Essa forma de desejar, contudo, não impede que possamos vir a desejar as coisas racionalmente. Mas não é simplesmente por conhecer pela razão a natureza de alguma coisa que passaremos a desejá-la. Muitos consomem certos produtos que sabem (racionalmente) fazer mal para o corpo, mas não deixam de apetecê-los; no entanto, depois de atravessarem alguma experiência traumática (afetivamente) em decorrência do consumo abusivo desses produtos, podem passar a detestá-los.

É por isso que Espinosa, ao examinar as "sociedades firmadas pela lei", insiste que as leis devem ser instituídas não porque determinarão que os indivíduos passem a agir sempre de maneira racional. A lei é uma forma de coibir, pelos afetos, aqueles que possam colocar a visão de sua utilidade própria na frente da utilidade comum. A lei é introduzida para operar um contraponto afetivo e fazer com que os indivíduos saibam que, se atacarem o que for direito comum, terão punições objetivas. Há um jogo de afetos entre medo e esperança: o medo é uma tristeza instável, porque nunca sabemos se aquilo que tememos vai ou não acontecer efetivamente; a esperança é uma alegria instável, porque embora nos sintamos alegres quando somos afetados por ela, vivenciamos a instabilidade pela qual não podemos ter certeza de que vai acontecer efetivamente aquilo que esperamos. A lei joga com o medo de afrontar a potência comum e a esperança de, pelo respeito ao direito comum, livremente perseverar na existência, afetar e ser afetado das mais diversas maneiras.

Eu vou agora ler uma das passagens que me mobilizaram durante a elaboração desta comunicação: o escólio da proposição 35 da parte IV da *Ética*. Nela Espinosa, em tom de conclusão, escreve: "O que acabamos de mostrar, a experiência também atesta cotidianamente, e com tantos e tão luminosos testemunhos, que está na boca de quase todo mundo, o homem é um Deus para o homem". Este enunciado é deduzido da proposição 18 da parte IV da *Ética*, segundo a qual quanto mais coisas em comum um ser tem com outro, tanto mais estarão aptos a formar algo mais potente do que cada um é isoladamente. No entanto, é preciso reconhecer: apesar de estar na boca de todo mundo que o homem é um Deus para o homem, "é raro que os homens vivam sob a condução da razão, estando de tal maneira dispostos que, na sua maioria, são invejosos e molestos uns aos outros".

Não foi à toa que comecei mencionando Hobbes. Para quem lê abstratamente essa afirmação, Espinosa parece estar repetindo o lema que fundamenta a guerra de todos contra todos e que sustenta a contrariedade natural entre os seres humanos, pela qual cada um, no estado de natureza, se esforça por se antecipar aos demais para garantir a posse sobre os bens de que necessita (HOBBES, 1979, p. 45-47).

No pensamento político de Espinosa, não é sintoma de falha, pecado ou erro que os indivíduos se coloquem como contrários uns aos outros por natureza. É natural que, em condições de igualdade, os seres humanos se coloquem em posições contrárias quando disputam, por exemplo, um bem que só pode ser fruído por um ou por muito poucos. O ato político crucial não é, diante desta constatação, impor um "poder comum" por meio de uma transferência de direitos a uma instância de representação externa ao próprio império, como pensa Hobbes no capítulo 13 da parte I de *Leviatã*. Segundo Espinosa, é por meio de um "consenso comum" que os seres humanos chegam a instituir direitos e a formar uma potência comum.

Diante da realidade de que são, por natureza, inimigos na medida em que disputam bens particulares, os seres não optam, em geral, pelo isolamento. Dificilmente podem passar a vida na solidão, de modo que quase todos concordam com a definição de que "o homem é um animal social". É impossível não recordar o primeiro livro da *Política* de Aristóteles, quando o estagirita assegura que o ser humano é um "animal político". Mas não é isso exatamente que está em questão, pois Espinosa não está apenas definindo, a partir dessa propriedade, a natureza da política, mas, antes, a natureza da democracia, que se descobre justamente pela experiência material e concreta do auxílio mútuo[4].

---

4 Para Espinosa, a democracia é a forma política em que o conflito tem lugar. Por conseguinte, a ideia de consenso comum não aparece como contraditória ao conflito, mas o envolve necessariamente.

De fato, a coisa se dá de tal maneira que, segundo Espinosa, da sociedade comum dos homens se originam muito mais comodidades do que danos. Portanto,

> que os Satíricos ridicularizem o quanto quiserem as coisas humanas, que os Teólogos as amaldiçoem e que os Melancólicos louvem o quanto puderem a vida inculta e rústica, desprezem os homens e admirem os animais; ainda assim experimentarão que os homens, com o auxílio mútuo, podem prover-se muito mais facilmente das coisas de que precisam, e só com as forças reunidas podem evitar os perigos que em toda parte os ameaçam (...). (Ética IV, Proposição 35, escólio)

Para compreender o que está dito no escólio 2 da proposição 37 da parte 4 da *Ética* – em que o auxílio mútuo é afirmado em traços precisos – pensemos no sentido político do conceito de potência. No espinosismo, o direito natural consiste justamente na potência natural. Ele sustenta que o direito natural de um indivíduo se estende até onde se estende a sua potência. Mas ninguém, por mais potente que seja, dá conta de sozinho organizar a vida social, coser, lavar, limpar, etc. Daí a necessidade de fundar a sociedade organizada pela lei.

> Cada um existe por sumo direito de natureza e, consequentemente, por sumo direito de natureza faz (age) aquilo que segue da necessidade de sua natureza; e por isso por sumo direito de natureza cada um julga o que é bom, o que é mau, e cuida do que lhe tem utilidade conforme seu engenho, vinga-se e esforça-se para conservar o que ama e destruir o que odeia. E se os homens vivessem sob a condução da razão, cada um possuiria este seu direito sem nenhum dano para outro. Porém, como estão submetidos aos afetos, que de longe superam a potência ou virtude humana, por isso frequentemente são arrastados em direções diversas, e são contrários uns aos outros enquanto precisam de auxílio mútuo. Portanto, para que os homens possam viver em concórdia e auxiliar uns aos outros, é necessário que cedam seu direito natural e tornem uns aos outros seguros de que nada haverão de fazer que possa causar dano a outro. Mas de que maneira pode ocorrer que os homens, que são ne-

cessariamente submetidos aos afetos, inconstantes e variáveis, possam tornar seguros uns aos outros e ter confiança uns nos outros, é patente pela proposição 7 desta parte e pela proposição 39 da parte III. A saber, nenhum afeto pode ser coibido a não ser por um afeto mais forte e contrário ao afeto a ser coibido, e cada um abstém-se de causar dano por temor de um dano maior. É, portanto, por esta lei que a Sociedade poderá firmar-se (...). (Ética IV, Proposição 37, escólio 2)

Na citação acima, encontramos os pontos sobre os quais nos debruçamos: direito (potência), bem e mal, busca da própria utilidade ou da conservação das coisas que se deseja. Para além disso, vale atentar ao fato de que, segundo parece, Espinosa rodou bastante para chegar à mesma lógica do Hobbes: os seres humanos têm que ceder o seu direito natural, e então o Estado toma esse direito como representante, fechando assim o ciclo da instituição do estado civil moderno. Se pararmos aqui, vamos achar que Espinosa por uma volta muito diferente, muito inusitada, chega ao mesmo resultado daquela reflexão de Hobbes, segundo a qual é por causa do medo da morte ou pela esperança de uma vida segura que os indivíduos fazem seus pactos e fundam direitos.

Não é isso que ocorre. Espinosa não está empregando este argumento para fundar uma forma de autoridade transcendente, mas para fundamentar a democracia. Vamos notar isso de forma cristalina quando, lendo no capítulo 5 do *Tratado Teológico Político,* uma obra publicada anonimamente em 1670, Espinosa suspende sua argumentação e decide fazer uma síntese do que entende sobre a constituição das sociedades. Nessa passagem, podemos ver que este raciocínio contido no escólio 2 da proposição 37 da parte IV da *Ética* fundamenta uma democracia instituída por uma multidão livre. Leio aqui:

> A sociedade é uma coisa extremamente útil e até absolutamente necessária, não só porque nos protege dos inimigos, mas também porque nos poupa a muitas tarefas; de fato, se os homens não quisessem entre ajudar-se, faltar-lhes-ia tempo e capacidade para, na medida do possível, se sustentarem e conservarem. Nem todos

são igualmente aptos para tudo e ninguém seria capaz de acorrer sozinho a tudo aquilo de que necessita imprescindivelmente. Por outras palavras, ninguém teria a força e o tempo necessário se fosse obrigado a lavrar, semear, ceifar, cozer, tecer, costurar e fazer sozinho tudo o mais que é preciso para o sustento, não falando já nas artes e ciências, que são também sumamente necessárias à perfeição da natureza humana e à sua beatitude. Veja-se como aqueles que vivem na barbárie e sem organização política levam uma vida miserável e quase de animais e, mesmo assim, o pouco que têm, por miserável e rude que seja, só o conseguem através da cooperação mútua, seja ela de que tipo for. Ora, se os homens fossem por natureza constituídos de modo que não desejassem senão o que ensina a reta razão...

[E nós vimos que isso é impossível...]

...certamente a sociedade não necessitaria de nenhuma lei, bastando apenas fornecer aos homens os verdadeiros ensinamentos morais para que, espontaneamente e de inteira e livre vontade, fizessem aquilo que verdadeiramente interessa. Quão diferente, porém, é a natureza humana!

A sequência desta exclamação – "quão diferente é a constituição da natureza humana" – oferece o núcleo da argumentação política de Espinosa:

Todos procuram de fato o que lhes é útil, mas quase nunca segundo os preceitos da reta razão, pelo contrário, a maioria das vezes desejam as coisas e consideram-nas úteis unicamente por capricho e por paixão, sem olhar para o futuro e nem para as razões de nenhuma outra espécie. Daí que nenhuma sociedade possa subsistir sem o poder e a força, nem consequentemente sem leis, que moderem e coíbam o desejo, e os desenfreados impulsos dos homens.

Um desavisado, como se vê, não duvidaria de que é o próprio Hobbes que está falando. Mas eis a conclusão:

A natureza humana, porém, não tolera ser totalmente coagida e, como diz Sêneca, o Trágico, nunca um poder violento se aguentou por muito tempo; um poder moderado, pelo contrário, é duradouro. Na verdade, quando os homens agem apenas por medo, fazem o que menos gostariam de fazer e não se importam com a utilidade nem com a necessidade do que fazem, procurando unicamente não pôr a cabeça em risco, isto é, não se expor aos castigos. Por outro lado, será inevitável que se alegrem com o mal e os prejuízos daquele que tem o poder, ainda que isso acarrete também o seu próprio mal, e que lhe augurem e causem todos os danos que puderem. Porque o que os homens menos suportam é estar submetidos aos seus semelhantes e ser comandados por eles. E não há nada, enfim, mais difícil que tirar-lhes a liberdade depois de lha ter concedido. Daqui se conclui o seguinte: em primeiro lugar, que o poder, ou está colegialmente nas mãos de toda a sociedade, se isso for possível, de modo que cada um obedeça a si mesmo e não aos seus semelhantes, ou então, se estiver nas mãos de uns tantos ou até de um só, este terá de possuir algo de superior ao que é comum na natureza humana ou ao menos esforçar-se o possível para que o vulgo se convença de que é assim.

Atentemos finalmente:

Em segundo lugar, as leis, qualquer que seja o regime, terão de ser definidas de forma que os homens se sintam constrangidos, não tanto pelo medo como pela esperança de algum bem que desejem acima de tudo. Só assim é que cada um cumprirá de boa vontade a sua obrigação. Por último, e visto que a obediência consiste em executar ordens exclusivamente emanadas da autoridade de quem manda, segue-se que ela não tem nenhum lugar numa sociedade em que o poder está nas mãos de todos e onde as leis são sancionadas por consentimento comum: aí, quer aumente, quer diminua o número das leis, o povo continua igualmente livre, pois não atua por submissão à autoridade de outrem, mas por seu consentimento. (*Tratado Teológico-Político*, Capítulo 5).

A democracia é o mais natural e o melhor dos tipos de império, porque é a única forma de se pensar a organização política em que todos, igualmente, criam as leis que todos igualmente obedecem. É o momento em que os indivíduos descobrem, no estado de natureza, que juntos, ou nessa relação que estabelecem uns com os outros, não só podem criar as leis, sendo todos igualmente partícipes da constituição desta cidade, uma cidade livre, porque nela ninguém obedece ao que o outro determinou, e sim a si mesmo. A democracia é um aprendizado do auxílio mútuo, uma consequência natural da experiência afetiva em sociedade. O auxílio mútuo não é simplesmente um ato de caridade pontual, embora o recurso à caridade seja desejável em uma cidade livre[5].

No momento em que o capitalismo se manifesta em nova crise, dessa vez acompanhada de uma calamidade pública derivada de uma pandemia, aparecem não só os novos Marx da burguesia, mas também novas formas de atuação política e social que dispensam a mediação de instituições comprometidas não com o direito comum, mas com a representação do direito privado (*privuslex*), isto é, o privilégio de alguns. Estas novas formas de atuação, frequentes em comunidades, favelas e zonas autônomas que não reconhecem a representação do Estado transcendente e autoritário, chamam atenção não por combaterem as instituições em si mesmas, mas por criarem formas alternativas e democráticas de existência ou de relação social que redescobrem o comum, inspiradas na prática do auxílio mútuo não como um problema pontual de caridade, mas como uma verdadeira atividade política. Movimentos sociais que ocupam terras improdutivas e oferecem alimentação de qualidade em tempos de escassez vão aos poucos mostrando redes de comunidade que continuam a existir, mesmo sendo alvejadas por ataques dos privilegiados que tentam criminalizá-las. Em contrapartida, aqueles que são

---

5 Segundo Espinosa, "(...) auxiliar a todos os indigentes é coisa que supera em muito as forças e a utilidade de um particular. As riquezas de um particular, com efeito, não bastam para resolver o problema. Além disso, a capacidade de um só homem é por demais limitada para poder unir todos a si por amizade; por isso, cuidar dos pobres é incumbência da sociedade inteira e concerne apenas à utilidade comum" (Ética IV, Apêndice, 17).

privilegiados e impõem o direito para o benefício apenas de alguns, embora estejam frequentemente assumindo o poder, estão constantemente prestes a cair.

Referências

DELEUZE, Gilles. *Espinosa – filosofia prática*. Tradução: Daniel e Lucien Lins. São Paulo: Escuta, 2002.

ESPINOSA, Bento. Ética demonstrada em ordem geométrica. Tradução: Grupo de Estudos Espinosanos. São Paulo: Edusp, 2015.

ESPINOSA, Bento. *Tratado da Correção do Intelecto* [*Tratado da Emenda do Intelecto*]. Tradução: Carlos Lopes Matos. São Paulo: Abril Cultural, 1979.

ESPINOSA, Bento. *Tratado Teológico-Político*. Tradução: Diogo Pires Aurélio. Lisboa: Casa da Moeda, 2004.

HOBBES, Thomas. *Leviatã ou Matéria, forma e poder de um estado eclesiástico e civil*. Tradução: João Paulo Monteiro e Maria Beatriz Nizza da Silva. São Paulo: Abril Cultural, 1979.

NEGRI, Antonio. *A anomalia selvagem*: poder e potência em Spinoza. Tradução: Raquel Ramalhete. Rio de Janeiro: Editora 34, 1993.

OLIVEIRA, Fernando Bonadia de. A amizade entre Espinosa e Simon de Vries. *Revista Conatus*, Fortaleza, vol. 10, nº 20, p. 29-39, 2018.

OLIVEIRA, Fernando Bonadia de. *Coerência e comunidade em Espinosa*. Tese (Doutorado em Filosofia). Universidade de São Paulo, São Paulo, 2015.

RODRIGO, Lídia Maria Rodrigo. O filósofo e o professor de filosofia. In: SILVEIRA, Renê; GOTO, Roberto (orgs.). *A filosofia e seu ensino*. São Paulo: Loyola, 2009.

O Pensamento Político de John Locke: Breve Apresentação do Segundo Tratado sobre o Governo Civil

Christian Lindberg L. do Nascimento
Doutor em Educação. Professor da Universidade Federal de Sergipe.

A ideia aqui é fazer uma exposição preliminar e sumária do pensamento político de John Locke, filósofo muito controverso cuja obra, nos últimos 10, 15, 20 anos, vem ganhando um arsenal cada vez maior de pesquisas, seja por meio de leituras de filósofos contemporâneos, como John Rawls, seja por meio de uma revisão do pensamento dele.

Como nós temos visto em escala global – e aqui no Brasil não é diferente –, muitos aspectos pensados e formulados pela modernidade filosófica estão sendo colocados em discussão. Pelo período em que viveu, o século XVII, e apesar da diferença temporal em relação ao que escreveu, John Locke é certamente um dos filósofos que podem nos ajudar a compreender as mudanças e transformações que estamos vendo em esfera global, repito, mas principalmente aqui no Brasil. Então, minha afirmação nessa breve introdução vai ficar cada vez mais evidente, eu penso, à medida em que desenvolver minha argumentação e expor os pontos pertinentes para esse debate e que fazem parte do pensamento político do filósofo.

Vou centrar minha exposição basicamente em duas ideias – uma vou desenvolver mais; a outra será uma espécie de apêndice daquela. A primeira ideia, central a nosso encontro, é o tema da Política, da Filosofia Política em John Locke. Para tanto, vou utilizar uma de suas obras mais conhecidas, quais sejam, o *Tratados sobre o governo* – algumas traduções têm no título *Governo civil* –, mas aquele é o título mais conhecido e mais difundido nas traduções brasileiras. O segundo tema é o da religião. E, quando argumentei que se tratava de uma espécie de apêndice, é porque hoje se discute muito a relação entre Estado e Religião, entre sociedade civil e sociedade religiosa, e muito se tem questionado sobre o papel e o caráter laico dos estados nacionais, e no Brasil não é diferente. Curiosamente um dos filósofos precursores dessa discussão na Modernidade filosófica foi John Locke. Dessa forma, o tema da religião é muito peculiar, tem traços específicos, mas a perspectiva que vou abordar tem a ver com a discussão política, eixo de minha exposição.

Eu gostaria de fazer duas pequenas considerações. Primeira: John Locke foi um filósofo do século XVII e viveu intensamente as mudanças acontecidas na Inglaterra nesse período. A segunda, temos aqui um público acadêmico de História, que sabe o que aconteceu, do ponto de vista político e histórico, na Inglaterra do século XVII. De forma resumida, a Inglaterra viveu três rupturas políticas: uma na década de 40; outra na década de 60, que é a Restauração; e a terceira e última, já no final da década de 80, chamada de Revolução Gloriosa. Todo esse processo, que durou em torno de 40, 50 anos, geralmente é denominado de Revolução inglesa, pelo menos nos manuais de História.

Locke, nascido no final da década de 30 do século XVII, vivenciou praticamente todas, não só como cidadão inglês, britânico, mas principalmente como um dos principais teóricos das transformações políticas ocorridas na Inglaterra naquela época. Ele inicialmente cursou medicina, chegou a escrever textos sobre medicina, sobre a Filosofia da ciência – inclusive ele tem uma obra bastante famosa e discutida sobre o tema, os *Ensaios sobre o entendimento humano*, em que expõe sua teoria do conhecimento.

Mas ele ganhou notoriedade na Inglaterra por conta de uma assessoria política, digamos assim, a um personagem fundamental para as modificações políticas que aconteceram na Inglaterra do século XVII, o famoso conde de Shaftesbury. Esse cidadão era uma das principais lideranças políticas na

Inglaterra na segunda metade do XVII, era um dos líderes do partido *whig*, os puritanos, partido que representava as aspirações da burguesia. Naquela época, a burguesia tinha certo poder, que era, no entanto, mitigado, condicionado a outro grupo político que existia na Inglaterra, os *tories*, o partido da aristocracia, da monarquia.

Então a Inglaterra do século XVII viveu um período de tensão política entre os dois grupos políticos: os *whig* representando a burguesia revolucionária, que almejava o poder, e os *tories*, partido vinculado à monarquia do qual faziam parte a nobreza e toda a aristocracia britânica do século XVII. Dessa forma, o três momentos revolucionários ocorridos na Inglaterra aconteceram por conta das tensões políticas entre esses dois grupos identificados e caracterizados no interior da sociedade britânica.

Além disso, outro fator deve ser considerado quando pensamos sobre esses grupos, pois eles têm interesses não só políticos, mas também – e consequentemente – econômicos. Quando expuser o tema da propriedade, ele ficará mais evidente.

Outro elemento que criou muita tensão e morte na Inglaterra do século XVII foi a religião. A Europa de forma geral passava por um processo de reforma religiosa. A Inglaterra, de forma específica, desde Henrique VIII, ainda no século XVI, tinha rompido com a Igreja Católica, com o Vaticano, e criou sua própria igreja, a Anglicana, mas, no interior da Inglaterra, ainda havia adeptos do catolicismo. No decorrer do século XVII, o anglicanismo manteve, em certa medida, alguns traços do catolicismo, mas passou a sofrer modificações e incorporou valores do calvinismo, tão bem estudado e analisado em seus aspectos ético e moral por Max Weber. Então, o partido de que Locke fazia parte, os *whig*, o partido puritano, abrigava personagens adeptos do anglicanismo, mas dessa versão mais calvinista dentro do grande leque religioso chamado anglicanismo. Havia também, no próprio interior da sociedade britânica, os católicos. Escócia e Irlanda durante muito tempo foram influenciadas pelo Vaticano, principalmente no século XVII. Havia, além da disputa política e econômica entre estes dois partidos, uma disputa religiosa. Eis o cenário em que Locke viveu e militou pelo partido *whig*.

Abordemos os *Tratados*. O primeiro tece uma crítica e refutação à tese de Robert Filmert – na época, o principal defensor do direito absoluto divino dos reis – de que os reis eram reis por serem descendentes hereditários de Adão e Eva. No segundo tratado, Locke expõe sua teoria política e, por esse motivo, vou abordá-la mais detalhadamente. Geralmente, o *Segundo tratado sobre o governo civil* pode ser dividido em três etapas. Na primeira, o autor faz um sumário do que expôs no primeiro livro dos *Tratados* e entra no que eu vou chamar de transição entre o que identifica como o estado de natureza e o segundo estágio, que é o da sociedade civil ou da sociedade política. Na segunda parte do livro, que compreende a maioria dos capítulos, Locke expõe a organização do Estado, os poderes, a função do magistrado, os limites do exercício da magistratura – entendam por magistrado aqui o governante, não com o sentido de hoje, em que magistrado está muito associado ao poder judiciário. Por fim, na terceira e última parte, expõe elementos relacionados à dissolução do governo, que se relaciona com a teoria do Calvinismo sobre o direito de resistência: a sociedade civil que estabeleceu o Estado pode destituir os governantes. Assim é dividido O *Segundo Tratado*.

Então vamos ao primeiro, no qual Locke faz a crítica a Robert Filmert. Os reis amparavam a sua legitimidade política hereditária, segundo Filmert, por serem descendentes de Adão e Eva. Mas o primeiro argumento que Locke usa para refutar essa tese é: "ora, se somos todos descendentes de Adão e Eva, como podemos dizer que fulano é o descendente legítimo, e beltrano não?". Há outros argumentos, mas esse é o principal, o que desmonta a tese que, curiosamente, prevalecia e fundamentava as monarquias absolutas que existiam na Europa naquele período. Com isso, ele constrói um cenário denominado Estado de natureza, um estado hipotético – Locke, no entanto, diferentemente de Rousseau e Hobbes por exemplo, chega a citar os povos da América, os índios da América, do Brasil, como possíveis locais, comunidades e populações que viveriam em estado de natureza, há toda uma discussão antropológica em torno disto, aquele velho debate da Europa civilizada e a América inculta, ainda vivendo um estado bruto, discussão que se dá em uma perspectiva histórica da evolução da humanidade.

Nesse estado de natureza, não haveria o Estado como o conhecemos hoje, com a constituição de leis. Então, o que guiaria os indivíduos? Os indivíduos, livres, viveriam sozinhos, isolados, e o que os guiaria seria o conceito denominado por Locke de lei de natureza, uma lei que estaria impressa em nossos corações, entendida e compreendida pelos indivíduos utilizando de forma correta a razão. Trata-se de uma metáfora, algo muito abstrato, mas que serve de argumento para constituir a sua teoria política. Outro aspecto desse estado de natureza é que os seres humanos teriam como objetivo principal a preservação da própria vida em primeiro lugar e, depois, a preservação da do outro. A vida é considerada algo sagrado, fundamental, nesse estado de natureza. Também são importantes nesse estado de natureza o trabalho e a propriedade – propriedade aqui no sentido restrito em Locke.

Qual seria esse sentido restrito de propriedade? O homem além de preservar sua vida, é livre, ou seja, já tem dois direitos naturais. Um terceiro é o direito à propriedade, que ele adquire através do trabalho. O que seria, então, o trabalho em Locke, conceito esse que influenciou toda a teoria econômica posterior, de Adam Smith a Karl Marx? É o exercício que o indivíduo faz para extrair da natureza os meios necessários para sua subsistência. E ao fruto desse trabalho dá-se o nome de propriedade. Imaginemo-nos em estado de natureza, cuja única regra a reger a conduta humana é a lei da natureza. Tudo o que adquirirmos para a sobrevivência, nosso alimento, é entendido por Locke como propriedade, pertence ao indivíduo. A propriedade, somada à vida e à liberdade, compõe os direitos naturais de cada indivíduo.

Ainda nessa discussão da propriedade, você pode argumentar: "se estou com fome, na hora que eu quiser comer, saio por aí comendo, pegando as frutas, matando os animais". Locke, que considera a vida algo fundamental, como direito natural fundamental, estabelece, através da lei de natureza, uma espécie de regulação. Em que sentido? O homem, ao compreender essa lei de natureza – que Locke define em outra obra, no *Ensaio Sobre a Lei de Natureza* –, deve, apenas através do seu trabalho, extrair da natureza aquilo que é necessário para sua subsistência, ou seja, Locke condena o acúmulo de propriedade, e também a usurpação, no estado de natureza. O que seria isso? Vamos supor que uma pessoa tenha uma cesta de maçãs para poder saciar sua fome, e eu, que não tenho nada, roube-lhe uma maçã. Segundo Locke, minha ação é condenável segundo a lei de natureza, porque é usurpação, roubo.

Então tanto o acúmulo como a usurpação são impedimentos racionais, segundo a lei de natureza, que fazem com que o homem só extraia da natureza aquilo que é necessário para sua vida. Trata-se de uma espécie de comunismo primitivo, no qual todos retiram da natureza aquilo que é necessário para a subsistência. É um impedimento moral. Quando há a ruptura desse estado de natureza, segundo Locke? Quando alguém usurpa o outro. E quem regulamenta a usurpação, por exemplo? "Se você roubou ou se você matou um terceiro, quem vai julgar?" Segundo Locke, no estado de natureza, quando um se sente prejudicado pelo roubo ou pela morte de um terceiro, gera-se o que chama de estado de guerra: os homens entram em conflito uns contra os outros ou por usurpação, ou porque um tirou a vida do próximo. Assim, esse clima denominado estado de guerra é o que vai condicionar a constituição da sociedade política, ou sociedade civil, ou o que alguns comentadores, de forma equivocada, chamam de contrato social. Curiosamente, Locke não usa a expressão contrato social no *Segundo tratado,* mas é muito comum, pelo menos nos manuais de filosofia da Educação Básica, colocarem

Locke como um contratualista ao lado de Hobbes, Rousseau e, em alguns casos, Kant.

Então, a sociedade civil é criada com um único propósito, que é garantir a propriedade no sentido amplo do termo, que engloba o direito à vida, o direito à liberdade individual e o direito à propriedade – propriedade essa, repito, adquirida através do trabalho.

Deixo como sugestão para quem está nos acompanhando conferir esses pressupostos, no capítulo quinto da Constituição Federal, nossa Carta Magna, a lei superior, que rege a conduta de todos os indivíduos. Lá estão os direitos de todo cidadão e cidadã que moram no Brasil: direito à vida, direito à liberdade, direito à propriedade, direito à liberdade de expressão, direito de crença religiosa, ideológica etc. Inclusive, se houver algum professor de Filosofia nos vendo, eis uma sugestão para trabalhar Locke: usar a Constituição Federal.

Constituída a sociedade política, quem vai ser o juiz, quem vai ser o árbitro? Com essa necessidade de arbitragem imparcial, cria-se o Estado. O Estado só existe, segundo Locke, porque há a sociedade civil, a sociedade política; porque tem o que ele utiliza, a comunidade, o *Commonwealth* (que geralmente é traduzido por *comunidade*). Então, para vocês perceberem como é importante a sociedade civil, ela antecipa os termos estabelecidos no contrato, que é a lei, o Estado, a instituição Estado, que vai normatizar e ter o poder consentido pelos indivíduos, que se tornará aquele árbitro imparcial. E aí entra a figura do magistrado.

Nessa transição do que caracteriza o estado de natureza, o que põe em risco o estado de natureza e o que provoca a saída do estado de natureza para a sociedade civil e, consequentemente, para a instituição do Estado, estão expostos nos elementos centrais da teoria política de John Locke. O cientista político – alguns o chamam de filósofo – Norberto Bobbio tem uma obra dedicada aos estudos do pensamento político de John Locke e utiliza um termo que acho sensacional para entender essa passagem: segundo Bobbio, na verdade não há uma ruptura, mas um *continuum*. Os traços existentes nesse estado de natureza precisam ser mantidos na sociedade política. Quais traços? Os direitos naturais, que são os direitos que cada indivíduo que pertence à sociedade política, a liberdade, a vida, a propriedade, têm.

Outro elemento que eu não pontuei até o momento é o direito à igualdade. Há um capítulo dedicado ao poder paterno, discussão que já aparece em Hobbes – na verdade Locke está rivalizando com Hobbes nesse sentido, porque, para Hobbes, o poder paterno se exerce na família, cujo soberano é o pai e cujos súditos são a esposa, os filhos, os escravos etc. Esse poder paterno que existe na família acaba sendo espelhado, segundo Hobbes, para poder justificar o poder absoluto na figura de uma única pessoa, que é o rei: o rei exerce o poder soberano, e os demais integrantes da sociedade política são os súditos, inclusive o pai chefe de família, porque, segundo Hobbes, cada súdito só pode ter um soberano – na família, é o pai, mas, na sociedade civil, esse soberano é o rei.

Por isso, Hobbes é muito associado ao monarquismo, mas, na verdade, o certo é o soberano, que é exercido, segundo Hobbes, por uma única pessoa. Então para rivalizar com Hobbes, nesse sentido, Locke não postula o poder paterno e explica em nota de rodapé que o termo deveria ser *poder pátrio*, porque homem e mulher são iguais, são iguais no estado de natureza e também na sociedade civil. Dessa forma, a igualdade entra como direito natural e, consequentemente, como direito civil entre os homens, cabendo ao homem, o contrato social, o pacto, consagração na lei.

Cabe ao magistrado, de forma imparcial, caso haja alguma usurpação em torno destes direitos individuais, agir com a força da lei, porque o Estado e a lei, no primeiro momento, foram criados para isso, para haver juízes imparciais, que é a ideia que nós temos do serviço público de forma geral, mais especificamente dos três poderes – Legislativo, Executivo e Judiciário – nos dias atuais.

Ainda nessa questão dos poderes, já que a gente está falando agora do Estado, é Locke quem vai identificar necessidade de haver dois poderes – hoje temos três, que é uma herança de Montesquieu, que, curiosamente, leu Locke. Quais são os dois poderes? O Poder Legislativo, responsável por estabelecer as leis, por criar as leis; e o Poder Executivo, encarregado de executar as leis. Atrelado ao Poder Executivo há uma espécie de poder, o Federativo, que é o poder de representação, a diplomacia. Se você olhar a Inglaterra de hoje, essa mesma estrutura é mantida: quem cria as leis, visando ao bem comum, é o parlamento, e quem exerce o poder e é representante do Estado interna e externamente é a rainha Elizabeth II. É a mesma estrutura de poder. Pode ter mudado na sua composição, e certamente mudou, mas qual o elemento central desta teoria da divisão dos poderes em Locke em relação ao que existia na sua época? Porque já tinha essa forma de dois poderes na Inglaterra.

Agora, diferentemente do que tinha antes da Revolução Gloriosa, o parlamento vai ser o carro-chefe, digamos assim, é o que vai ter a primazia entre os dois poderes, diferentemente do que acontecia no período anterior à Revolução Gloriosa. E por que o parlamento, e não o rei? Porque o parlamento, no interior da sua composição, era dominado pelos representantes da burguesia. Até hoje a Inglaterra tem a câmara alta e câmara baixa. Na Inglaterra de Locke, a câmara alta era composta pelos aristocratas, pessoas indicadas pelo Rei, e a câmara baixa representava a burguesia. Com a Revolução Gloriosa, essa câmara baixa tomou a primazia política na Inglaterra. Por isso, a Revolução Gloriosa tem esse caráter revolucionário, de ruptura política. De fato, ela promoveu uma ruptura política. Há quem afirme que Locke foi o teórico da Revolução Gloriosa. Há interpretações nos dois sentidos, que ele foi e que ele não foi.

Então essa estrutura da divisão de poderes e o motivo contextualizado desta divisão, inclusive no que se refere às terras. Antes da Revolução, quem detinha a maior parte das terras do território inglês eram a igreja, a aristocracia, o rei e a nobreza. Com a Revolução Gloriosa, e nos dois *Tratados* – no segundo tratado de forma mais específica –, a partir da ideia de que não se deve ter acúmulo de propriedade, a terra também entra nessa lógica. Então acumular a terra é, do ponto de vista moral, segundo Locke, imoral. Por isso, para a burguesia na Inglaterra ou na França, onde ela promoveu processos revolucionários, um dos temas principais era a "reforma agrária", algo que no Brasil ainda não se fez. Não é questão de MST ou de movimentos vinculados ao campo. A "reforma agrária" é uma bandeira da burguesia, uma bandeira de séculos, que é garantir a terra igualmente para todos, porque não pode haver acúmulo de propriedades. A terra, inclusive aquilo que dela faz parte, é propriedade. Isso é bastante curioso, e imagino que algumas pessoas devem estar se perguntando: "Locke não é o precursor do capitalismo?". Podemos discutir isso. Há, inclusive, um comentador canadense, Macpherson, que exagera um pouco, eu acho, ao afirmar que já existia capitalismo em Locke. Não existia capitalismo na época de Locke. Ele viveu o período pré-capitalista. O capitalismo só vai aparecer no século seguinte, com a Revolução Industrial na Inglaterra. É um pouco anacrônico esse tipo de comentário.

A terceira questão que destaco diz respeito à dissolução do governo. Da mesma forma que a sociedade se reúne e, por consentimento, cria as leis e delega aos magistrados o arbítrio de controlar e cumprir o que está estabelecido no âmbito da lei, se esses magistrados – seja do Poder Executivo, seja do Poder Legislativo –, usurparem seus poderes, cabe à sociedade política dissolver um dos dois poderes, a depender de quem tenha feito essa usurpação. Se o Poder Executivo, por exemplo, acha que tem poder demais e, da noite para o dia vira "tirânico", então a sociedade civil, a partir da ideia de dissolução do governo, tem legitimidade para destituir o governante. Aqui também há leituras de comentadores de Locke que sugerem que ele seja o precursor das revoluções políticas, mas o centro dessa argumentação da dissolução do poder é o direito de resistência, uma herança do calvinismo. A sociedade civil tem direito de resistir à opressão dos poderes constituídos, segundo o Locke.

Nesse sentido da usurpação, citei o caso do Poder Executivo, mas serve também para o Legislativo: se ele começar a aprovar leis ou a fazer ações que vão de encontro ao que é consentido pelo pacto, a sociedade civil também pode destituir o Legislativo. Essa ideia da dissolução do governo está no finalzinho do *Segundo Tratado*, e é um tema interessante para se pensar inclusive nos dias atuais, em que há muitos questionamentos sobre as instituições políticas do país.

Por fim, tenho mais dois comentários pontuais. O primeiro é o tema da escravidão. Era muito comum na época a defesa da escravidão. No *Segundo Tratado*, como parte do princípio de que todos os indivíduos são iguais, Locke condena a escravidão. Ele acha que todos os homens são livres, e, se são livres, não pode haver escravidão. E olha que falo sobre o autor do século XVII, inglês, considerando que a Inglaterra tinha várias colônias, inclusive os Estados Unidos, que ainda eram colônia britânica. Locke posiciona-se contrariamente à escravidão. Em outra obra, *Constituições Fundamentais da Carolina*, publicada 20 anos antes dos dois *Tratados*, Locke defendeu a escravidão. Então há essa leitura ambígua em Locke, ambígua porque, embora os dois *Tratados* tenham sido publicados em 1690, há interpretações – e isso tem como ser comprovado –, e evidências de que ele foi paulatinamente escrevendo a obra, foi agregando mais elementos até chegar a essa grande obra. Há opúsculos publicados por ele em que aparecem os mesmos elementos dos *Dois Tratados*, principalmente do *Segundo*. Então, fica essa questão dúbia em Locke em relação aos escravos.

E o segundo comentário diz respeito à tolerância religiosa, pois Locke talvez tenha sido o primeiro grande sistematizador desse debate na Europa, até por conta da reforma religiosa, que já tinha acontecido em boa parte dos países europeus, na Inglaterra, também na Holanda, na França e a própria Alemanha, que já tinha feito sua reforma religiosa de caráter luteranista.

Locke desenvolve três ideias sobre o tema: primeiramente, ele utiliza Jesus Cristo como modelo de um sujeito tolerante, porque Jesus converteu os judeus ao que depois seria chamado de cristianismo através da palavra. Nesse sentido, Locke utiliza as cartas de São Paulo, e todo mundo sabe que, nas cartas de Paulo, há textos de caráter moral para os indivíduos. Ele usa o exemplo de Jesus para dizer: "se Jesus, que foi enviado por Deus, o filho de Deus, convenceu as pessoas pela palavra, por que nós, seres humanos, vamos convencer os outros pela espada, pela força da espada?" (LOCKE, 1978, p. 04). Ele está fazendo referência à Inglaterra de sua época, que exercia intensa imposição religiosa pelo uso da força, mas também ao cenário existente em toda a Europa da época. Houve a Reforma Religiosa, houve a Contrarreforma Religiosa, que, curiosamente, instituiu uma Ordem Jesuíta controlada pelo General Comandante Inácio de Loyola da Espanha, que era o comandante das forças militares da Espanha e virou líder de uma ordem religiosa para fazer a Contrarreforma Religiosa na Europa. Em suma, havia um clima de guerra entre as religiões.

A segunda questão que eu quero pontuar, e eu vou parafrasear Locke, "do mesmo jeito que o céu está separado da terra, Estado e sociedade política devem estar separados da igreja e da sociedade religiosa" (LOCKE, 1978). No caso da sociedade religiosa, que antecede a constituição da igreja e utiliza-se, salvo engano, uma passagem de Mateus para poder fundamentar a constituição delas, que afirma que "quando dois ou mais estiverem reunidos em meu nome, no caso, Deus, eu ali estarei" (LOCKE, 1978, p. 07). Ele defende não só a liberdade religiosa, mas também a liberdade de os indivíduos constituírem suas próprias formas de cultuar Deus, ou seja, não tem uma religião oficial. Essa era uma preocupação de Locke. E mais adiante ele fala:

> Os assuntos políticos são pertinentes à sociedade civil e ao Estado, e o interesse dessa sociedade civil e do Estado é de interesse público; as sociedades religiosas e a igreja e, consequentemente, os assuntos relacionados à essa esfera, são de caráter privado, pois a salvação é individual. (LOCKE, 1978)

Com isso, Locke defende a separação do Estado e da religião, e depois apareceu o termo Estado laico, como versa nossa Constituição.

E o terceiro e último aspecto é o da tolerância, pois, no fundo, o que Locke quer é instituir uma sociedade tolerante, livre, que garanta os direitos individuais, e os direitos que todos devem ter para serem livres, inclusive para entrar numa igreja e sair na hora que achar pertinente. Ele diz, e eu vou citá-lo, o que é tolerância: "a tolerância existe para os defensores de opiniões opostas acerca de temas religiosos, está tão de acordo com o Evangelho e com a razão, que parece monstruoso que os homens sejam cegos diante de uma luz tão clara" (LOCKE, 1978, p. 04). Então a ideia de tolerância está fundamentada, segundo Locke, pela religião, e aqui eu citei Jesus Cristo como principal elemento, e pela razão.

No debate em torno da tolerância, há duas exceções, segundo Locke: a primeira diz respeito aos ateus, Locke teme os ateus porque na opinião dele, os ateus não têm medo de ninguém, já que não têm um ser supremo, no caso, Deus, que possa impor algum tipo de restrição aos homens, algum receio aos homens. Os ateus não devem ser tolerados, porque, se eles desrespeitarem a lei civil, não têm mais nada a temer. E a segunda exceção são os papistas e os fanáticos. Os dois grupos são fundamentalistas religiosos. Os papistas são fundamentalistas porque seguem fielmente o Vaticano; e os fanáticos são fundamentalistas, porque seguem cega e fielmente os preceitos apresentados pela Reforma Protestante. São os extremos, Locke era intolerante com esses dois grupos.

A grande preocupação de Locke com a ideia de tolerância religiosa era manter uma sociedade pacífica, porque há conflitos em torno de temas religiosos, que mexem com aspectos subjetivos dos indivíduos, e isso vai repercutir no âmbito político e principalmente no âmbito econômico. Uma sociedade pacífica é boa para a sociedade política, porque se vai coibir a morte, o conflito que pode levar à morte das pessoas – e a vida, como vimos, é um direito natural e deve ser preservada. Moralmente, tem que se preservar a vida.

A segunda consequência de uma sociedade sem paz é a crise econômica – onde há guerra, há uma quebra nas relações econômicas, dificultando o desenvolvimento econômico. No fundo, a impressão que se tem é que essa discussão apresentada por Locke nas cartas sobre a tolerância, embora traga aspectos importantes no que se refere à separação do Estado da religião, tem um caráter também econômico.

Referência

LOCKE, J. *Cartas sobre a tolerância*. 2.ed. São Paulo: Abril cultural, 1978.

LOCKE, J. *Dois tratados sobre o governo*. Tradução Júlio Fischer. São Paulo: Martins Fontes, 2001.

Deleuze e Guattari: O Menor na Educação e na Pedagogia

Gláucia Figueiredo
Doutora em Educação. Professora da Universidade da República
(UDELAR/Uruguai).

O que eu quero compartilhar com vocês tem dois grandes eixos, o primeiro seria apresentando todo o percurso conceitual e vital, principalmente, o encontro de vidas entre Gilles Deleuze e Félix Guattari. Eu acho que este primeiro momento conceitual é muito importante para que a gente comece a perceber também como a filosofia francesa contemporânea, principalmente o pensamento desses dois autores, é atual e nos ajuda a pensar problemas que a gente está vivendo hoje.

E o segundo eixo é pensar e dividir com vocês algumas articulações que eu venho realizando sobre educação e pedagogia nos tempos de pandemia. Quando eu falo de educação e pedagogia, muito embora eu trabalhe com educação infantil, com a investigação sobre a infância, sobre a criança, eu também quero ampliar essa análise para o ensino médio e para a universidade. Eu acho que a gente também tem que pensar nesse novo formato a que a pandemia nos obriga (o ensino remoto), como professores, como pais, com estas crianças dentro de casa, estes adolescentes dentro de casa.

Então queria começar com uma pergunta: como se conheceram Deleuze e Guattari? Por que eles se encontram, se conectam e como eles conseguem então desenvolver essas obras tão importantes?

Eu queria deixar claro, antes de falar sobre os encontros deles, que eles tanto têm obras individuais, como obras conjuntas, e é nestas que eu quero focar, e os anos em que elas foram publicadas. Então, no ano de 1972, eles publicaram uma

das obras mais famosas deles, o *Anti-édipo, capitalismo e esquizofrenia*, depois em 1975 eles publicaram *Kafka, por uma literatura menor*, que é justamente sobre esta obra que nós vamos
conversar, e em 1980 eles publicaram *Mil platôs, capitalismo é
esquizofrenia*, e em 1991 a última obra deles, que a gente chama
de uma obra de velhice, que é *O que é a filosofia?*

Antes de falar como eles se encontraram, quero dizer
que existe um ponto importante, que eu acho fundamental sublinhar, é que em 2001 foi a primeira vez que eu tive contato
com o texto de Deleuze, que foi o *Tratado de nomadologia*, que
no caso do Brasil foi traduzido porque *Mil platôs* em francês é
dividido em partes, mas no Brasil foi publicado pela Editora
34 em 5 volumes, e é esse *Tratado de nomadologia*, ele está no
Volume 5, que é o último volume dessa tradução brasileira.
Eu tenho me preocupado e me afetado com o pensamento de-
leuze-Guattariano desde 2001, eu ainda estava na graduação,
a gente agora tá em 2020, quantos anos aí...

Então a minha ideia no início era justamente fazer uma
coisa bem improvável, ou seja, em termos acadêmicos não era
muito bem visto que se realizasse uma espécie de hibridismo
teórico, que seria utilizar o campo da filosofia pura, ou o campo da filosofia da educação, em um diálogo com o que a gente
chama de campo do cotidiano escolar, e esse foi o meu esforço
desde 2005, quando eu comecei o mestrado na Unicamp, mas
essa parte eu vou falar um pouco quando eu começar a entrar
no conceito de educação menor, e como a educação menor,
que é um conceito que foi apresentado pelo professor Silvio
Gallo, como isso foi sendo construído.

O encontro entre Deleuze e Guattari deu-se no clima de
maio de 1968, que foi um tempo histórico muito particular,
um momento de tanta intensidade política, cultural e educacional, que os encontros eram totalmente improváveis. O
François Dosse, que escreveu o livro *Biografia cruzada*, fala na
introdução que essa intensidade de maio de 1968 provocou
esse encontro dos dois, que ocorreu por esforço de um médico
que depois foi estudar com Guattari e que conhecia Deleuze,

que é o Jean Pierre Muyard, que foi quem preparou o terreno para que eles pudessem se conhecer em 1969. E aí os dois começaram uma intensa relação de amizade, política, e, de 1969 até 1991, eles têm toda essa produção de que eu falei.

O François Dosse faz algo que eu acho muito interessante: quando ele começa a introduzir e falar sobre o encontro deles, começa a falar da infância de Guattari, depois ele conta anedotas, depois fala de Deleuze, o que mais chama a atenção, logo no começo do livro ele faz uma pergunta: "quem escreveu?". Quando a gente adentra as obras de Deleuze e de Guattari, que são essas que eu citei, a gente sempre fica pensando nessa frase: "quem será que escreveu isso, foi um, foi outro?". O François Dosse opta por arriscar e decifrar esse enigma, e fala duas coisas muito interessantes: o processo de produção escrita dos dois é um processo de construção de uma noção; e depois a gente utiliza muito, a gente vai ver também essa noção funcionar no primeiro capítulo do *Mil Platôs, o rizoma*, que é a noção de entre dois (*entre deux*).

Ele fala outra coisa interessante: "como é que essa aventura de encontro desses dois autores pode derivar em um terceiro homem?". Ele utiliza essa expressão muito interessante, terceiro homem (*troisième homme*) que não existe, mas que está ali. Isso também tem muita relação com o texto do Foucault. E aí a ideia é pensar que o que uniu Deleuze e Guattari durante todos estes anos, não foi só uma mera parceria intelectual, foi muito mais do que isso, foi uma parceria de vida, foi um encontro vital. Tem até um autor que se chama Gianmarco Montesano que me emociona muito quando eu leio: "raramente se viu duas pessoas se amarem e se estimarem de verdade como Gilles e Félix, uma delegação de confiança total entre eles, uma ligação intelectual e humana comovente".

Então eles começam a ter o encontro propiciado por uma terceira pessoa, e Deleuze inclusive escreve uma carta pra Guattari, e também o François Dosse fala sobre isso, dizendo que a sensação que ele tinha, é que eles já se conheciam antes de realmente terem se conhecido, que a sensação é de que eles já eram amigos antes da construção da amizade em si, e todo esse diálogo, essa troca entre eles, vai mostrando também um pouco do tom das obras que eles escrevem juntos. Uma das coisas interessantes, que o François Dosse fala é que Guattari, nas experiências dele na clínica La Borde, quando começa o seu envolvimento com os estudos e à militância em relação à questão da psiquiatria, quando ele rompe com Lacan, ele gostava de deslocar as pessoas que se apresentavam para trabalhar das suas funções tradicionais, aí também começava esse movimento de sempre tirar essa ideia do núcleo, que já era uma coisa que Deleuze estava defendendo. Foi a defesa da sua tese de doutorado, a sua tese maior que é *Diferença e repetição*, e que tava sendo defendida em maio de 1968, e era a defesa que colocava a diferença como a mola propulsora de toda a sua filosofia, uma filosofia da multiplicidade.

A crítica de Deleuze à representação, à ideia de identidade, já estava colocada ali, quando na verdade o que acontecia com Guattari era uma prática de tudo aquilo que Deleuze já estava escrevendo, já estava estudando, que é justamente tudo isso que eu estava contando, de que por exemplo, um médico vinha "ah... quero fazer um estágio na clínica", então Guattari falava "você quer vir aqui, você vai para cozinha, você vai lavar a louça que os loucos utilizavam, você vai trabalhar na área administrativa", ele deslocava as pessoas desse lugar identitário do ofício, de alguma forma também para fazer funcionar uma espécie de fluxo, e de várias entradas e saídas no mesmo ser existente. Isso é algo muito importante de sublinhar, que aí também tem um ponto de encontro, entre o que Deleuze já defendia, que era uma crítica à filosofia da representação, basicamente com o pensamento calcado na filosofia platônica, e a construção desse conceito de multiplicidade, e a vida de Guattari, à militância dele, que de alguma forma encontrava nesse pensamento uma consonância diagonal, uma consonância transversal, de vida e de intelecto, e isso é muito importante de destacar.

E me parece também que a produção intelectual deles é baseada na ideia de um inconformismo, ou seja, uma das coisas que motivou os dois foi essa ideia de pensar, por exemplo, o que a gente vive, e tem relação com o que vamos falar na segunda parte dessa conversa, que é se a gente vive em uma sociedade, e ela é autoritária, é tirânica, a gente tem que pensar como essa sociedade se tornou assim. E eles fazem esse movimento, de pensar porque existem tantas leis, tantas regras a serem seguidas, as normas, e como as tiranias normalmente são estes regimes em que existem as leis, leis, leis e poucas instituições.

Nessa vertente, parece-me que a literatura, e aí a gente vai entrar na parte da literatura menor, a literatura é um lugar privilegiado de pesquisa e experimentação, por parte dos dois. Muito embora, é importante dizer, em 1982 Guattari organizou uma série de atividades, porque se comemorava o centenário de Kafka, e o François Dosse conta que de certa forma essa paixão de Guattari pela obra do Kafka, de alguma forma motivou a escrita conjunta deles. Então, parece-me que esse desafio deles em relação ao que não é filosófico, ao universo não filosófico, essa conexão deles, da filosofia com a não filosofia, é uma marca muito importante e singular do encontro deles. Eu queria trazer para vocês uma noção que é a de intercessores, pois ela complementa essa ideia do encontro deles.

A gente sabe que, na filosofia de Deleuze, o que mobiliza desde sempre, o grande tema da filosofia dele é o pensamento, quer dizer, o exercício do pensamento, a possibilidade de novas formas de pensar, a expressão do pensar. Toda essa questão do pensamento percorre todas as obras de Deleuze, e, quando encontra na prática de Guattari esse ancoradouro, a produção dos dois é justamente voltada para isso, para essa ideia de que o universo extra filosófico pode levar à compreensão da filosofia como um exercício de criação constante; inclusive, quando Deleuze e Guattari no livro *O que é a filosofia?* apresentam as três grandes potências do pensamento, que seria a filosofia, a ciência e a arte, eles apresentam também quais são os produtos dessas potências, basicamente a filosofia é a criadora de conceitos, a ciência é a criadora de funções, e a arte é a criadora de perceptos e afetos.

Eles vão demonstrando conjuntamente que o pensamento pensa a partir de uma coisa que eles chamam de violência do signo. O que seria esse signo? O signo é aquilo que é não-dado, mas habita um dado. Carmelo Bene trabalhou com cinema, com pintura e escreveu um livro chamado *Lógica da sensação*, em que ele trabalha a questão de como o pensamento pensa, o que violenta o pensamento a pensar, é toda transversalizada por universos extra filosóficos, não necessariamente filosóficos.

A ideia de encontro, que é muito, muito cara aos dois, tem como objeto o signo, nessa nova imagem do pensamento que eles desenvolveram, existe uma obra de Deleuze justamente sobre Proust, então literatura sempre esteve aí, os dois escrevem juntos sobre Kafka, mas Deleuze tem uma obra sobre Proust, *Proust e os signos*, e Deleuze apresenta essas relações entre signo, pensamento e criação.

Eu separei aqui uma parte para a gente entender um pouco essa ideia do signo, do encontro, e do pensamento, para isso não ficar tão vago. Então ele fala: "o que nos força a pensar é o signo, o signo é o objeto de um encontro, mas é precisamente a contingência do encontro que garante a necessidade daquilo que ele faz pensar, o ato de pensar não decorre de uma simples possibilidade natural, ele é, ao contrário, a única criação verdadeira, a criação é a gênese do ato de pensar no próprio pensamento".

Então o que ele quer dizer com isso? Que a gente só consegue pensar efetivamente se alguma coisa violentar o pensamento, e essa violência é violência mesmo, você sai do lugar do comodismo, da reflexão; por isso, para eles, a filosofia não é reflexão filosofia não é contemplação, filosofia não é comunicação.

Mas o que é ser filósofo? O que é filosofia? A gente tem essa tendência que vem de uma tradição da história da filosofia de que a filosofia se resume ao ato de refletir, a gente reflete, mas historiador também reflete, o antropólogo também reflete, então, quer dizer, eles vão fazendo essa construção.

Muito interessante de dar a cada potência do pensamento a sua expressão singular, e isso me parece importante porque no caso deste trígono, encontro, pensamento e signo, a gente também vê que essa violência do pensamento, retira o pensamento dessa imobilidade, principalmente dos processos de abstração, pensar por abstração, pois, para eles, pensar é um pouco romper com essa passividade, é sofrer essas ações do externo, por isso a questão do universo extra filosófico.

Eles ainda agregam outra coisa: que pensar é também interpretar, de alguma forma não só interpretar, senão decifrar, traduzir esses signos, pois eles são os mobilizadores desse pensamento. E aí parece-me que fica muito evidente que a noção de intercessor é fundamental, porque eles vão falar "sem os intercessores não se pode pensar". Então o essencial são os intercessores, a criação são os intercessores. E o que são esses intercessores? Os intercessores podem ser pessoas, para um filósofo, para um artista, para um cientista, mas também podem ser coisas, podem ser plantas, podem ser animais.

Um autor que Deleuze e Guattari utilizam no *Mil platôs*, eu tô citando isso porque eu acho que muitos já devem ter lido esse autor, é o Carlos Castañeda, da *Erva do diabo, Viagem a Ixtlan* etc., existem várias obras do Castañeda que a gente vê como o intercessor não é necessariamente uma pessoa, senão as ficções, os objetos inanimados etc.

Então qual é a ideia? É necessário para pensar que se fabrique os seus próprios intercessores, e aí eles sempre vão estar atuando nesse plano do concreto, do cotidiano, ou melhor dito, em termos filosóficos um plano de imanência. Então eu queria trazer essa ideia de intercessores para dizer que no caso deles, no caso do encontro de Deleuze e de Guattari, o conceito de intercessores é fundamental na *démarche* deles, é por meio desse conceito que a gente pode relacionar então a filosofia com a arte, com a literatura, e de novo essa ideia de pensar ou inventar esse caminho novo, pensar é fazer o novo, é tornar novamente o pensamento possível, pensar produzindo ideias, os intercessores são esses potencializadores e propiciadores do pensamento.

Agora vamos entrar um pouco nessa ideia do que é literatura menor, principalmente no livro *Kafka, por uma literatura menor*. A gente já sabe que que a obra de Kafka era uma paixão para Guattari, e como os dois juntos conseguiram desenvolver esta obra, e qual a ideia. Mas antes eu quero dizer que tem uma coisa que me preocupa muito: quando a gente fala de educação menor, de pedagogia menor, existem duas operações que são distintas, e a gente tem que prestar muita atenção nisso, porque às vezes você quer saber sobre educação menor, aí você joga no Google "educação menor", aí você vai ver milhões de artigos sobre educação menor, você joga "pedagogia menor", você vai ver várias coisas, existe um fenômeno que acontece na educação, existem vários autores que estudaram isso em relação a Foucault, que é o fenômeno Foucault na educação, e eu tenho muito medo de que aconteça o mesmo com o pensamento de Deleuze e de Guattari no campo da educação.

Existe um fenômeno que se chama deslocamento conceitual, quando a gente faz um deslocamento conceitual, que a gente vai ver que a literatura menor que eles estabelecem, que eles criam juntos essa ideia de literatura menor, porque eles criam esse conceito, e a gente vai ver como esse conceito foi deslocado para o campo da educação, o professor Silvio Gallo desloca e cria em cima disso algumas ideias, algumas estratégias, algumas coisas, como isso é diferente de um outro processo, que é esse que eu tenho medo, e eu queria compartilhar com vocês, que é o de transposição do conceito, e é uma transposição acrítica do conceito, porque uma coisa é muito legal, a gente gostar dos filósofos, ou de um filósofo "X", ou de um filósofo "Y", e estudar estes filósofos, outra coisa é trazer a criação dos filósofos de uma maneira a transpor alguns conceitos ou ideias de uma maneira acrítica.

O que eu quero dizer? Tudo vira menor, ou tudo vira nômade, mas a coisa não é tão simples assim. Eu acho que a gente tem que começar a prestar atenção quando a gente começa a acessar as obras dos filósofos, de ir à fonte, de ler a fonte, é muito legal a gente ler os comentadores, a gente ler o que se faz, os roubos do conceito, é muito bom a gente fazer isso, mas o deslocamento conceitual é diferente de uma transposição do conceito, eu quero deixar isso claro, porque o esforço que eu vou apresentar para vocês aqui, o esforço do Grupo Transversal, do professor Silvio Galo, e a gente vai falar um pouco disso depois que eu apresentar o conceito de literatura menor, e também o próprio esforço da noção de pedagogia menor, é um esforço de deslocamento, de roubo do conceito, e ver como ele operacionaliza nesse campo, dessa forma criando novas histórias, novas coisas.

Dito isso, eu queria então passar para essa ideia do menor. O menor é um conceito chave na filosofia produzida por Deleuze e por Guattari, ele aparece pela primeira vez no livro sobre Kafka, que foi publicado na França em 1975. Como eu já havia dito, eles apresentaram esse conceito pela primeira vez 1975, ou seja, 3 anos após a publicação do *Anti-Édipo,* e cinco anos antes da publicação do *Mil Platôs.*

Na obra *Diálogos*, que é uma conversa que Deleuze tem com a jornalista Claire Parnet, e depois também na obra *Conversações*, a gente vê esse conceito ser de novo retomado e muitas vezes se vê o conceito de menor sempre muito próximo ao conceito de molecular, porque a gente pode pensar o menor próximo de molecular, e o maior de molar. A gente vai ver também no *Mil Platôs,* em *Micropolítica e segmentaridade* a gente vai ver, sempre depois de 1975 eles retomando esse conceito para falar sobre determinados temas que normalmente são voltados a essa noção de uma micropolítica. O que seria está micropolítica?

Então, esse conceito de menor aparece pela primeira vez no *Kafka*, em 1975 e tem sua definição nessa frase: "uma literatura menor não é a de uma língua menor, mas antes o que uma minoria faz de uma língua maior". Por que essa frase é tão importante? Porque quando a gente fala de menor, a gente não tá falando de um menor num sentido pejorativo, do menor que é inferior, ao contrário, eles queriam dizer que uma literatura menor é uma literatura que convive com o que a gente pode chamar de literatura maior. Vamos dar um exemplo de literatura maior no contexto kafiquiano, podemos dizer um Goethe, uma literatura menor subverte uma língua, neste exemplo a língua é o Alemão, fazer com que essa língua seja a desagregação dela mesma. De alguma forma, para a gente entender isso de uma maneira mais próxima da nossa realidade, para eu não ficar repetindo algumas coisas, eu separei alguns fragmentos, mas eu quero que vocês entendam na prática. Existe uma expressão aqui no Uruguai, que acho que no Brasil também tem, que é: "aquela professora não tem chão de escola", a literatura menor é a expressão de um povo, a expressão da rua, é uma literatura que é uma agenciamento coletivo de enunciação.

Por mais que exista o Kafka, o Franz Kafka que escreve *O Processo*, *A Metamorfose*, existe a função K, a função K é uma função de expressão desse povo, desse povo que fala, desse povo que se expressa. Deleuze e Guattari vão dizer o seguinte: que existem três características da literatura menor. E essas três características, depois a gente vai ver algumas delas bem detalhadamente, a primeira é a desterritorialização da língua, a segunda é a ligação desse individual, ou seja, uma literatura menor é sempre política, é do individual ao político, e a terceira é o agenciamento coletivo de enunciação. Nesse sentido, a gente vai ver como funciona essa primeira característica chamada desterritorialização da língua.

Toda língua é imanente a uma realidade. Então, a literatura menor tem uma força de desintegração desse real, ou seja, ela arranca a territorialidade da língua oficial para de alguma forma criar outra língua. As crianças são fantásticas em fazer esse processo. Eu até separei uma parte em que eles falam:

> as crianças são muito hábeis no seguinte exercício, repetir uma palavra cujo sentido é apenas vagamente pressentido para fazê-la vibrar sobre si mesma, no começo do castelo as crianças da escola falam tão rápido, que não se compreende o que dizem, Kafka conta como

criança ele se repetia uma expressão do pai para fazê-la ecoar numa linha de *nonsense* "fim de mês, fim de mês".

Ou seja, ele escutava o pai falar alguma coisa do fim de mês, então ele repetia a fim de mês, fim de mês, ele fazia a língua gaguejar. A criança sempre tem essa coisa de brincar com a língua, de perverter a ordem estabelecida da língua maior, inclusive de criar línguas paralelas. Então, nessa primeira característica da desterritorialização da língua, a gente vai vendo que essa literatura menor vai sempre levar a novos encontros, a novos agenciamentos etc., e é um pouco isso que eu expliquei.

A pergunta é: como é que se perverte a ordem estabelecida? Hoje a gente tem muitas literaturas, quando a gente fala da língua da rua, o que a gente vê na rua, a língua do hip hop, enfim... uma pergunta que eu queria que a gente se fizesse: que operações da língua, de perversão da língua estabelecida a gente vê, a gente tem? Uma coisa para pensarmos sobre isso também, e me ocorreu agora, é como toda essa enxurrada de acesso ao virtual, ao remoto, no caso da língua escrita, e também da língua falada, como também se criaram formas de comunicação que de alguma forma desterritorializam a língua, ou a gramática da língua formal? Então a gente pode pensar nisso também.

Nesse sentido, eu queria lembrar que Guattari fala uma coisa também fantástica, quando ele diz assim: "as metáforas são as que tiram a esperança dele na literatura", porque, justamente, ele vai falar metamorfose é totalmente diferente de metáfora. Então, de alguma forma, quando eu falo para vocês dessa coisa do que virou a língua na comunicação virtual, eles invertem, pervertem, as metáforas matam a língua, segundo Guattari. Já as metamorfoses, por isso a paixão dele pelo Kafka, potencializam esta literatura menor.

A segunda característica seria, então, a ramificação política. A existência de uma literatura menor é sempre a de trazer um conteúdo político, por isso que é a expressão de um coletivo, e, neste sentido, por mais que a gente perceba que em alguma literatura maior exista um viés de uma natureza específica política, o que a gente vê é que a literatura maior não se esforça efetivamente por estabelecer esses agenciamentos, essas conexões com aquele povo que fala. A voz desse coletivo enunciado não está presente na literatura maior. Já na literatura menor, o próprio ato de existir é um ato político. Nesse sentido, é um ato político e revolucionário, é um desafio ao instituído, não em termos de oposição termo a termo. Eu acho que é importante a gente lembrar que Deleuze e Guattari em todas as suas construções conceituais: menor, molecular, maior, molar, aparelho de guerra, aparelho de estado, máquina de guerra, tudo isso não está em oposição termo a termo, são processos de coabitação. Eles inclusive usam um conceito que chama disjunção inclusiva, que é para dizer isso, que é também uma crítica ao movimento dialético, hegeliano. E isso é importante a gente dizer, porque senão a gente cai nessa armadilha de dizer "o menor está sempre fazendo algo que é para destruir o maior"; não existe esse binarismo, o que existe é uma coabitação, operações distintas, e essas operações distintas convivem muitas vezes, e são disjuntas, porque são operações distintas, mas estão inclusas porque necessitam uma da outra para funcionar. Essa ideia de uma literatura menor que desafia essa língua oficial instituída, é uma língua em movimento, e instituinte, vamos dizer assim.

E a terceira característica, que é um pouco mais difícil de entender ou de identificar em alguns casos, é que tudo tem esse valor coletivo. Nas literaturas menores, tudo adquire valor coletivo; por isso eu estou chamando atenção para a função K, não é mais o Kafka que está falando. Inclusive, na própria literatura do Kafka, a gente pode ver essa ideia dos intercessores, dos animais, do fictício para animar o que no fundo tem toda essa carga política. A ideia é que os agenciamentos são efetivamente coletivos e não há sujeito individual. Acabei de dar esse exemplo, a gente sempre tá falando sobre esse povo que falta, esse povo que fala.

A partir dessas três características, podemos discutir o que a gente está chamando de uma educação menor. Antes de falar sobre educação menor, eu queria compartilhar com vocês o seguinte: o filósofo, pesquisador, e professor da Unicamp Silvio Gallo, em 2013, publicou um livro pela Autêntica Editora na coleção *Deleuze e a Educação*. Nesse livrinho, ele vai desenvolver essa ideia de uma educação menor, fazendo esse esforço que eu falei antes de um deslocamento conceitual.

Em 2003, Silvio Gallo apresentou essa noção de educação menor que eu vou falar um pouquinho, e, em 2005, no grupo de pesquisa que ele lidera, o Transversal, a gente começou a ler o *Kafka por uma literatura menor*, e também a investigar, cada um em sua linha de pesquisa, como, em uma perspectiva de deslocamento conceitual, a gente poderia criar um livro sobre educação menor, em que o conceito de menor fosse o ativador do pensamento em várias áreas. Isso porque os integrantes do Transversal não eram necessariamente filósofos ou pedagogos, a gente tinha milhões de indivíduos que eram de áreas distintas, essa questão do universo extra filosófico que eu falei.

Então, a gente lança o livro *Educação menor, conceitos e experimentações*, que você vê que não tem autor. É um livro sem autor, um livro-coletivo, do Grupo Transversal Unicamp. Eu sou editora científica dessa coleção, que é a coleção Filosofia e Educação, e o povo dizia, mas como vai publicar um livro que não tem autor? E eu falava, o autor é o Transversal, não tem que colocar o nome do fulano, ciclano ou beltrano, bota o Transversal. Isso também era uma forma de jogar, de brincar com essa ideia do sujeito, do indivíduo.

Então, o que o Silvio constrói? Ele basicamente constrói, a partir destas três características, a ideia de que uma educação maior é a educação dos planos, das políticas públicas, da Constituição, das leis, da LDB, tudo que a gente precisa intencionalmente fazer, vindo de cima. O que é a política pública? É algo que a gente toma, uma forma que a gente segue no nosso dia a dia. E aí ele vai dar a ideia de que educação menor é uma educação de resistência, mas não é uma resistência contra o que está acontecendo, ou seja, o que a gente tem que seguir em termos de currículo, em termos de conteúdo, em termos de política, não é isso. Ele vai dizer que a aula é um espaço, a aula como uma trincheira, um espaço em que o professor pode de alguma forma criar outras maneiras de experimentar esses conteúdos. E o que seria uma política pública para a educação?

Ele vai dizer que, se a educação maior é uma educação macropolítica, de gabinete, expressa por documentos, a educação menor é uma educação micropolítica, que estaria basicamente na sala de aula e nas ações cotidianas de cada um de nós. O que seria, então, uma primeira característica da educação menor fazendo essa espécie de deslocamento conceitual, de desterritorialização? No caso da educação maior, ela produz-se como uma máquina de controle e o princípio dessa educação maior seria o princípio de controle, na ideia de que aquilo que se ensina necessariamente é apreendido, todo ensino corresponde a uma aprendizagem. E aí o que o Silvio Gallo apresenta é a ideia que Deleuze e Guattari desenvolvem um pouco quando eles vão falar sobre esse processo de desterritorialização da língua, é a ideia de que o aprender está para um rato no labirinto, está para um cão que escava seu buraco, está para alguém que procura mesmo que não saiba o que é, para alguém que encontra mesmo que seja algo que não tenha nunca procurado.

Basicamente, essa é um pouco da ideia da aprendizagem como um acontecimento. E aí a educação menor vai agindo nas brechas dessa suposta relação entre aquele que ensina e aquele que aprende, e necessariamente, aquele que ensinou vai ver o resultado naquele que aprendeu. Então a tática dessa educação menor seria justamente a de desterritorialização sempre. Seria justamente a de permitir que a aula seja um espaço de desterritorialização do instituído, de propiciar o espaço para a experiência do inusitado.

A segunda característica seria a ramificação política. Toda educação é um ato político por si. No caso da educação menor, isso fica mais evidente, porque, em sendo uma micropolítica, ela necessariamente tem a ver com vidas. Ele mesmo vai dizer que aqui a ramificação política da educação menor existe no sentido de desterritorializar as diretrizes de uma política maior, abrir espaços para um educador militante, para um educador que vá se preocupar com o que está acontecendo ali na vida cotidiana dos seus estudantes. Então, uma educação menor, nesse sentido, é rizomática, o que importa é fazer rizoma, fazer conexão, viabilizar espaços outros espaços de conexão.

E, por fim, a ideia da educação menor é que é um exercício de produção da multiplicidade das singularidades, de dar voz àqueles sem voz, os envolvidos no processo do aprender. Então, de alguma maneira, a educação menor aposta, segundo o professor Silvio Gallo, nessa ideia de gerar novos encontros, nos quais a aula possa ser um espaço em que todo. O projeto é coletivo, todo o valor é coletivo, e todo fracasso também é coletivo.

Nesse sentido, antes de contar um pouco sobre a pedagogia menor, eu deixei separada uma frase de Deleuze, porque, é engraçado, Deleuze nunca se dedicou a falar sobre educação, mas existem algumas obras, principalmente *Proust e os signos*, é uma obra em que o ato de aprender é muito desenvolvido, e em *Diferença e repetição* também. Então, antes de falar da pedagogia menor, eu queria ressaltar este pensamento de Deleuze, que me parece muito profícuo para esse momento, ele fala:

> nunca se sabe de antemão como alguém vai aprender, que amores tornam alguém bom em latim, por meio de que encontro se é filósofo, em que dicionário se aprende a pensar. Os limites das faculdades se encaixam uns nos outros, sobre a forma quebrada daquilo que traz e transmite a diferença, não há método para encontrar tesouros, nem para aprender, mas no violento adestramento, uma cultura ou paidéia percorre inteiramente todo indivíduo, um albino em que nasce o ato de sentir na sensibilidade, um afásico em que nasce a fala na linguagem, um acéfalo em que nasce pensar no pensamento, o método é o meio de saber quem regula a colaboração de todas as faculdades, além disso ele é a ma-

nifestação de um senso comum à realização de *cogitato in natura*, pressupondo uma boa vontade, como uma decisão premeditada do pensador, mas a cultura é um movimento de aprender, a aventuras dos involuntários encadeando uma sensibilidade, uma memória, depois um pensamento com todas as violências e crueldades necessárias, dizia Nietzsche, justamente para adestrar um povo de pensadores, adestrar o espírito.

Eu separei essa frase de Deleuze em homenagem ao GEN (Grupo de Estudos Nietzsche), mas também porque eu acho que ela é fundamental para a gente começar a entender como é criado o conceito de pedagogia menor. Eu vou explicar então como eu defendi a tese *Traçados nômades na pedagogia* em 2009 na Unicamp, e daí em diante eu comecei a me dedicar à ideia de tirar a pedagogia desses lugar identitário que ela sempre teve e que nunca era nada, ninguém nunca sabia o que era pedagogia, e não obstante todo mundo dizia "bom, o professor é pedagogo, cientista da educação é pedagogo, a pedagogia é didática". E todo mundo queria a identidade, a identidade do pedagogo. Então eu fui fazendo um movimento de hibridismo teórico, de dizer "bom, como a filosofia pode me ajudar a pensar essas coisas todas, e de alguma forma sair dessas armadilhas?". Então a gente sempre teve essa ideia quanto à pedagogia.

Qual é a pedagogia oficial, essa que a gente sempre fala no discurso? Como entendemos essa pedagogia maior hoje? Às vezes, a gente vai entender ela, as produções históricas que advém do campo da educação vão sempre determinar a pedagogia, ou por métodos científicos, ou por práticas sociais que vão representando ela através da psicologia, da sociologia, da história, da administração... Essas outras concepções vão afirmar e inclusive confundir a pedagogia com uma técnica de diversas áreas do conhecimento. E, então, fala-se em técnica pedagógica, a prática pedagógica, mas no sentido sempre de uma técnica, e é aí que ela se confunde com a didática, ou como uma instrumentalizadora didática dos processos educacionais, quando não à identificam como um domínio próprio, científico e social: a pedagogia é ciência da educação, pedagogia é tal coisa...

Nesse sentido, todas essas definições me incomodavam muito, porque como fui professora alfabetizadora, e como trabalhei no grupo de pesquisa da UFF sobre cotidiano escolar, sempre tive muita preocupação de estar no chão da escola. Então, existe aí, nesse espaço, muitas variáveis teórico-práticas, prático-teóricas, e eu disse "não, a pedagogia não pode ser definida, identitarizada dessa forma". E aí a construção que eu fiz, e estou fazendo até hoje, em termos de pesquisa, estou com uma pesquisa atual em andamento, sobre modulação pedagógica.

Então, como eu construí essa noção de pedagogia menor? Eu vou construindo a partir de dois conceitos que são os motores e os disparadores das construções: o conceito de experiência e o conceito de acontecimento dentro da filosofia de Deleuze e de Guattari. Então, como entender a experiência? De que experiência se fala?

No francês, há três noções de experiência com vocábulos diferentes, e estas três noções são distintas, *expérience*, que tem uma forma de escrever com "c"; *expérimental*, que tem relação com experimental; e *expérientielle*, que diferente do primeiro é com "t". Os dois primeiros têm relação com ações intencionais, ou seja, no sentido de experimento científico, quando a gente vê Dewey, que criou um laboratório experimental de educação, a experiência no sentido dilweyano é de laboratório, eu faço experimentos educativos, é de outra natureza. Então, ação com intenção, com "ç", no sentido do experimento científico. Já a última noção é uma noção da experiência acontecida, acontecente, por acontecer, inusitada, fora dos meandros representacionais, fora das lógicas racionais, no sentido do racionalismo positivista experimentativo. Essa modalidade experiencial é necessariamente acontecimental. Por isso, eu trago o conceito de acontecimento, para tentar explicar um pouco mais como esse conceito animaria essa ideia da pedagogia menor, cujas características eu vou apresentar.

Acontecimento é um conceito que passeia por várias obras de Deleuze, mas existe uma obra específica que é *A lógica do sentido,* em que uma série é dedicada só ao acontecimento, e ele utiliza figuras da literatura como, por exemplo, *Alice no País das Maravilhas,* do Lewis Carroll para falar um pouco sobre essa lógica. O acontecimento deve ser querido, deve ser desejado, mas ainda que ele seja querido, que ele seja desejado, querer o acontecimento, querer alguma coisa, não significa que o acontecimento aconteça.

É importante dizer que querer alguma coisa no que acontece, alguma coisa a vir de conformidade com o que acontece, é uma coisa fenomenal, porque em grande medida você abre condições, possibilidades para o acontecimento quando existe esse querer. Os acontecimentos se efetuam em nós, nos esperam, nos aspiram, nos fazem sinal, o acontecimento nos espreita. Eu já vou chegar na ideia, na fórmula do acontecimento, mas aí a ideia é: "tudo estava no lugar nos acontecimentos de minha vida antes que eu os fizesse meus, e vivê-los é viver tentando me igualar a eles". Nesse sentido, o acontecimento é sempre um verbo no infinitivo.

Por que eu utilizei o acontecimento também como o motor da pedagogia menor? Porque eu vou falar sobre aprender, o ato de aprender, o verbo no infinitivo é aprender, mas é importante entender também que ele é um verbo no infinitivo, ele é um incorporal, ele é um efeito de superfície, um acontecimento é diferente de um evento. Vou tentar dar um exemplo, pode ser que seja infeliz, mas vou tentar dar esse exemplo para ver se vocês conseguem entender: um evento, uma batida de carro, um carro bate no outro carro, você pode dizer "houve uma batida", porque isso aí é o sentido pós, que você fala, você utiliza a língua para falar depois, o ato de chocar, o verbo chocar, é esse o acontecimento, então é um corpo que encontrou outro corpo, e forma o incorporal, nesse sentido é o efeito de superfície. O acontecimento é distinto do evento justamente por isso, porque o acontecimento até pode ser representado, mas quando acontece, é aquilo que vai durar no tempo, porque justamente o tempo do acontecimento é o tempo aiônico, ele não é o tempo do passado nem do futuro, é o tempo do agora, o tempo do que dura, a duração, e aí Deleuze vai falar "o brilho, e esplendor do acontecimento é o sentido". Como a gente pode entender isso? Ele vai dizer "o acontecimento não é o que acontece, o acidente" é isso que eu tô explicando para vocês, "ele é no que acontece, o puro expresso que nos dá sinal e nos espera", então o sentido habita o acontecimento.

O tempo do acontecimento sendo o Aion. A gente pode entender o Aion a partir de dois outros conceitos caros a Deleuze, que são os conceitos de devir e o de paradoxo, que tem a ver com os movimentos da criança. Por isso que Deleuze utiliza o Lewis Carroll para falar sobre a questão, por exemplo das noções paradoxais que o Carroll vai narrando sobre Alice, "eu tô pequena, eu tô grande", toda essa questão do tamanho, do tempo.

O devir tem essa propriedade de furtar-se ao presente, não distinguindo sobretudo o passado e o futuro, desse modo o devir aqui vai puxar, e eu vou citar Deleuze, "os dois sentidos ao mesmo tempo", não tem o sentido de ida e volta, nos dois sentidos ao mesmo tempo, essa é a paradoxalidade que a criança faz naturalmente. É nesse puxar nos dois sentidos que se tem o paradoxo, a criança é puro devir e é o puro paradoxo, o brincar da criança, quando a gente vê uma criança brincando é um Aion, é o tempo do acontecimento, o corpo da criança quando ela se curva para brincar, ou quando ela se expande para brincar, tudo isso tem a ver com o acontecer, o acontecer criança.

A pedagogia menor, não sendo nada daquilo que eu já apresentei para vocês, ela poderia ser entendida como uma abordagem singular em educação, ela convive com essa oficialidade da pedagogia maior, mas ela é uma abordagem singular. Por que ela é uma abordagem singular? Primeiro, as características da educação menor que eu vou apresentar para vocês: ela concerne a situações de aprendizado, porque ela está ao lado do aprender, ela acompanha situações concretas cotidianas daquele que aprende, ela não está necessariamente pressupondo que o ensino tem relação direta com a aprendizagem, eu posso ensinar, ensinar, ensinar e ninguém aprender. Então, por isso eu gosto de sublinhar que a pedagogia menor está ao lado do aprender.

A pedagogia menor cartografa, e nisso eu encontrei o pensamento de Fernand Deligny, que também é um autor que Deleuze cita em *Mil platôs* em três momentos do livro: no volume 1, quando fala do rizoma; no volume 3, quando fala da micropolítica e segmentaridade; e também no volume 4, quando ele fala de crítica, de clínica e outras coisas mais. Mas ele cita Deligny pelo trabalho dele com as crianças autistas, pois ele cria mapas, então a pedagogia menor cartografa, mapeia, mapas alinguísticos, mapas signos, mapas símbolos, mapas filmes, mapas fotos, mapas gritos, mapas gemidos, mapas corpos, mapas sons, mapas dons. Ela é a possibilitadora, a pedagogia menor, das condições de experiência para o ato de aprender. Ela carrega a potência de confrontar-se com encontros mutantes, plásticos, criativos, nos diversificados modos de aprender.

A pedagogia menor é um saber modular. Essa é a pesquisa que eu estou desenvolvendo agora. Ela é importante para a gente poder entender a pedagogia menor como uma operação modular, que vai construindo uma espécie de autorregulação do ato de aprender. Ela vai expressando essa autorregulação do ato de aprender. Esse ato é então o acontecimento pedagógico. Como é entendido o acontecimento pedagógico?

Através de uma experiência interior intensiva, quando eu falo do corpo da criança quando ela está brincando, ela está aprendendo, ou quando ela sai, quando ela se expressa. Ou seja, eu estou falando da criança, mas a gente também pode falar enfim como alguém aprende latim, a gente pode falar da matemática, o que quero é mostrar que esse acontecimento pedagógico é uma experiência interior intensiva, o ato de aprender que a pedagogia menor acompanha é um estado em suas várias durações.

E aí eu estou obviamente dialogando com Henri Bergson, e com o que Deleuze faz em *Bergsonismo* das obras do Henri Bergson. E aí é outra conversa, mas ela demonstra também, a pedagogia menor, a variabilidade e a maleabilidade do objeto em pesquisa educacional. Nesse sentido, eu e o professor Fernando Bonadia, que esteve com vocês em uma live anterior, junto com a professora Lavínia, que estará em uma live futura, nós organizamos um livro em 2019 sobre as obras do professor Luiz Benedito Lacerda Orlandi, professor aposentado da Unicamp, um dos maiores tradutores da obra de Deleuze e de Guattari no Brasil: *Flutuações da pesquisa educacional: o problema da pesquisa em educação de Luis Orlandi*. A gente queria publicar essa revisita que a gente fez a alguns textos do Orlandi sobre pesquisa educacional, e, a partir dessa obra que a gente organizou, eu aproveitei para continuar os meus estudos voltados a essa ideia de como a pedagogia menor poderia singularizar as pesquisas pedagógicas.

O problema que anima a pedagogia menor é o acontecimento aprender; esse é o problema que anima essa pedagogia menor. Então a concretude problemática do ato de aprender, que envolve linhas de forças, diferentes expressões e expressividades, poderes de afetar e ser afetado, teoricidades, praticidades, determinações, indeterminações, intensidades, extensidades, tudo isso permite compreender a pedagogia menor como uma pedagogia que modula, não que modela. Então, aprender, nesse sentido, é uma evolução de conquistas íntimas nas quais o parâmetro é uma ilimitada luta entre a intensão com "s", uma espécie de interioridade e a intenção, com "ç", que seria uma exterioridade. Portanto, a gente vai defender que o ato de aprender supõe os obstáculos a serem superados, porque é uma evolução pedagógica que deve ser percebida, deve ser querida, olha o acontecimento aí, desejado, estimulado e respeitado pelo elemento exterior, que seriam obviamente os pedagogos que estão acompanhando esse processo.

Então, a pedagogia menor é, ao mesmo tempo, hiper e trans conectividade entre saberes e disciplinas instituídas.

Nesse sentido, a pedagogia maior está vinculada a uma educação maior, a um modelo educativo, a uma modelização, a um formato, há uma intenção, com "ç". Ou seja, a pedagogia maior quer o objetivo, querer que o objetivo se realize, formatação e formas de aprender. Por outro lado, o que a pedagogia menor faz? Ela é modulação, plasticidade dos objetos em cena, é singularização, ela é intensão com "s". Ela faz fluir a tensão do objetivo pelo inusitado da criação, disparação. Então é forma do aprender, forças do aprender. A pedagogia menor seria uma pedagogia experiencial, acontecimental e vitalista.

Nesse sentido, o momento atual da minha pesquisa, que é entender um pouco como a modulação pedagógica se expressa, pode ser entendida atualmente como um acaso, a modulação é o acaso. Eu vou dar um exemplo para vocês de mapa aqui. Um acaso ético-estético, uma *sensibilia*, uma sensibilidade que deve ser desejada, quem está acompanhando, ou o próprio ato de aprender, acompanhado por essa pedagogia menor, deve ser desejado, deve ser aprendido, daí seria a questão da pesquisa, os pedagogos pesquisando e criando teses em pedagogia, no momento do próprio acontecimento, do ato de aprender.

Então, a pedagogia menor é um saber modular. Eu quero pedir licença para mostrar para vocês que tudo isso que eu estou falando tem uma expressão, tem um mapa. Aqui a gente tem a escrita de uma criança que está na minha tese, no livro *Traçados nômades*. Essa criança, em reunião de conselho, pela pedagogia maior, lá em 2002, já estava definido que ela iria ficar retida no ano que ela estava, que era o ano de alfabetização, e foi uma luta tremenda de minha parte, da parte da professora de que ela não ficasse, que ela avançasse, que ela progredisse, porque essa escrita dela foi no mês de outubro, se bem que tem alguma escrita mais compreensível. Qual foi o argumento que eu achei interessante para animar essa pedagogia menor, essa criança pediu para que a gente repetisse a história para ela, essa história era do Soldadinho de Chumbo, muitas vezes, muitas vezes, muitas vezes. A gente

não entendia porque ela queria tanto essa história, e a questão
da repetição na criança também é modulação. E aí ela explica
para gente que o "s" na verdade são dois "c" um "c" feliz e um
"c" triste, que é o "c" ao contrário, e que daí quando ela entendeu que o "s" era um "c" felizes, um "c" triste ela conseguiu
entender que todas as letras tinham uma lógica.

Eu fotografei, mapa foto, cartografei especificamente
esse espaço aqui, para dizer isso, ou seja, uma criança que se
alfabetiza dizendo que o "s" é um "c" feliz e um "c" triste
é uma lógica única, singular. Isso é uma pedagogia menor,
agora se eu quero transportar a lógica dessa criança para que
outra criança também entenda que cada letra tem uma vida, e
que o s é um "c" feliz e um "c" triste, eu tô querendo formatar.

Isso é uma modulação, isso é modular, e o pedagogo
que acompanha isso entende que essa criança, em outubro,
aprendeu a dar vida às letras da forma que pôde dar; não foi
porque a professora, necessariamente, ensinou as letras x, y, z.
Então a gente tem muitos desafios, inclusive em termos con-
teudistas, como aprender a matemática, como aprender a física, como alguém aprende?

Esse é um dos mapas eu queria mostrar para vocês, no
sentido desse necessário movimento de acompanhamento e
de fazer agitações do problema. Então eu queria finalizar um
pouco essa ideia da pedagogia menor citando o Orlandi nesse livro que a gente organizou com o Fernando e a Lavínia,
quando a gente fala do texto que eu escrevi sobre a pedagogia
menor. Então ele vai dizer:

> é nesse ponto que a pedagogia, pode recorrer a esta, ou
> àquela ciência dita auxiliar, perguntando "você pode
> me dizer algo a respeito disso que acaba de me sur-
> preender nesse aprendizado que eu estou alegremente
> cartografando?" e que fazer com a possível resposta?
> Incorporá-la à cartografia ou conectá-la à uma outra
> pergunta, é claro que não aprendizado x, há o que se
> está aprendendo com quem se está aprendendo, com
> o que se está aprendendo, de que modo se está apren-
> dendo, de que maneira a pedagogia circula por essas

coisas, a resposta é a mesma: cartografando e anotando o que se passa, acompanhar e ajudar as agitações do problema.

Vamos entrar na segunda parte agora, que é super pequena, mas um pouco pensando naquela pergunta que eu coloco para a gente pensar junto aqui: que articulação a gente pode fazer com os temas de uma educação e uma pedagogia menor, em tempos de pandemia?

Por que eu estou falando isso? Porque eu acho que nós todos professores, pais, que estamos com as crianças e adolescentes dentro de casa, e que somos professores também e estamos vivendo o drama da universidade, a gente está vivendo explicitamente uma coisa muito grave, que é justamente ver a falha do formato, a falha do formato imposto goela abaixo para que os alunos, para que os estudantes, para que as crianças tenham que ter acesso a um conteúdo de forma remota, sem a possibilidade da mistura dos corpos, sem a possibilidade de estar com outro, acompanhando o outro, e acompanhando a si mesmo no seu próprio processo de aprender. Ou seja, eu quero compartilhar com vocês essa ideia de que o que a pandemia nos traz é uma violência no pensamento sim, ela força o pensamento a pensar, em relação ao que a gente tem que fazer com esse ensino remoto. As crianças estão angustiadas porque não conseguem acompanhar, os adolescentes... é toda uma transformação, a instituição escola, a instituição universidade tendo que repensar essas novas formas de fazer com que os corpos se encontrem, corpo de criança, corpo de estudante, corpo de professor, com os conteúdos. Como isso tudo pode ser, de fato, não mais um formato, mas ser uma força?

É um pouco esse o desafio que eu gostaria de compartilhar com vocês, a ideia de um formato remoto e como se aprende, que a pandemia impõe. E o desafio também escolar e institucional, que insiste em manter o formato ainda que o exterior, ou o externo a obrigue a se repensar desde dentro.

Introdução à Teoria Feminista

Roberta Gregoli
Doutora em Comunicação Social.

Como o título da minha contribuição é "Introdução à teoria feminista", pensei em falar em alguns termos e conceitos: por que "teoria feminista"? Por que "estudos de gênero"? Então vou começar por essa base e depois trazer algumas teóricas importantes da teoria feminista. Não vão ser muitas pelo tempo, mas trouxe algumas que gosto bastante, e que acho que fornecem caminhos para começarmos a conversar.

> - Termos e conceitos: teoria feminista vs gênero
> - Teóricas
>
> - Teoria feminista: Interdisciplinar – questiona o status quo, oferece um novo paradigma de pensamento
> - De vanguarda

Lâmina 1

Base e definições

A teoria feminista é uma teoria totalmente interdisciplinar, que questiona o status quo. Nesse sentido, é possível discutir também as relações entre a teoria feminista e a filosofia. Não é à toa que muitas feministas são filósofas, como Simone de Beauvoir e Judith Butler, dois grandes nomes na área. Como dito, trata-se de uma teoria interdisciplinar, que realmente oferece um novo paradigma de pensamento, e sempre muito de vanguarda.

Às vezes, abordam-me para dizer "nossa, você estuda uma coisa que está em alta, que é muito moderna", mas muitas discussões da atualidade já aparecem nas ideias das feministas desde a década de 1950. Portanto, às vezes trata-se de falta de conhecimento da história da teoria feminista. Por isso, acho tão importante começarmos com a base.

Agora vou falar um pouco dos termos. Além da "teoria feminista", temos os "estudos de gênero". Um outro termo que talvez vocês se deparem se forem ler em inglês é *women's studies*, os "estudos de mulheres". Esse termo nunca foi usado no Brasil; aqui foi amplamente utilizado o termo "movimento de mulheres" nas décadas de 1960 e 1970. Os *women's studies* existem desde a década de 1930 nos Estados Unidos e Europa, enquanto os estudos de gênero começam a despontar a partir da década de 1970 e se consolidam na década de 1990 com a emergência da teoria pós-moderna. O termo teoria feminista pode ser utilizado para enfatizar essa dimensão política da teoria, por isso que optei por este título da apresentação.

No Brasil, temos feministas muito proeminentes, e eu trouxe aqui uma citação de uma delas, Margareth Rago (Lâmina 2):

> **WOMEN'S STUDIES**
>
> "Desde os anos setenta, as mulheres entravam maciçamente nas universidades e passavam a reivindicar seu lugar na História. Justamente com elas, emergiam seus temas e problematizações Progressivamente, a cultura feminina ganhou visibilidade, tanto pela simples presença das mulheres nos corredores e nas salas de aula, como pela produção acadêmica que vinha à tona. Histórias da vida privada, da maternidade, do aborto, do amor, da prostituição, da infância e da família, das bruxas e loucas, das fazendeiras, empresárias, enfermeiras ou empregadas domésticas, fogões e panelas invadiram a sala e o campo de observação intelectual ampliou-se consideravelmente."

Lâmina 2

As questões que Rago enumera, que eram antes colocadas no campo do privado, passam a ganhar espaço na academia, sobretudo a partir da década de 1970. E aqui estamos já utilizando os pares binário, como a própria teoria postula, do público e do privado. Esse é um binarismo bastante importante para a teoria feminista.

A categoria "gênero" consolida-se a partir da década de 1990. Em 1999, Marlise Matos, outra feminista brasileira de relevância, definiu gênero em seu artigo intitulado Teorias de gênero ou teorias e gênero? da seguinte forma (Lâmina 3):

> **CATEGORIA DE GÊNERO**
> "surgiu com o intuito de distinguir e separar o sexo – categoria analítica marcada pela biologia e por uma abordagem essencializante da natureza ancorada no biológico – do gênero, dimensão esta que enfatiza traços de construção histórica, social e sobretudo política que implicaria análise relacional" (MARLISE MATOS, p. 336)

Lâmina 3

A parte inicial da citação hoje está superada, pois não pensamos "gênero" em oposição a "sexo", mas como conceitos distintos apenas. Durante a década de 1990 e até um pouco mais adiante, pensava-se o sexo biológico, uma categoria essencializante, em oposição ao gênero, que seria uma construção histórica, social e política. Atualmente, entretanto, também a noção de sexo biológico é considerada socialmente construída. A zoóloga Anne Fausto-Sterling escreveu, em 1993, um artigo chamado "Os cinco sexos: Por que macho e fêmea não são o bastante" (*The five sexes: Why male and female are not enough*), em que defendeu que a construção da divisão binária dos sexos (homem e mulher) é também socialmente construída, ou seja, o sexo também é construído, inclusive por meio de intervenções médicas para que as pessoas estejam em conformidade com essa dicotomia. Depois, Judith Butler aprofunda essa ideia no livro *Problemas de gênero* (BUTLER, 2018), originalmente publicado em 1990. Quem conhece minimamente a teoria feminista já deve ter ouvido falar de Butler, que é um dos grandes nomes da contemporaneidade.

Então, se tanto sexo quanto gênero são socialmente construídos, como se define essa categoria "gênero"? Como uma categoria relacional, enfatizando a dinâmica relacional entre os gêneros. Enquanto lá atrás, os estudos de mulheres obviamente tinham foco nas mulheres, nas histórias das mulheres etc., os estudos de gênero trazem também as questões da masculinidade, que vêm ganhando cada vez mais força no Brasil. Num resumo bem simplificado, a categoria de gênero implica uma análise relacional, e, além da feminilidade, presta-se também a investigar a masculinidade.

Além disso, o conceito de gênero, assim como a teoria feminista como um todo, busca desnaturalizar o sujeito e as identidades, questionando a ideia de um sujeito que seja a-histórico e universal, enfatizando a dimensão sexual da subjetividade, tanto da sexualidade individual quanto da divisão sexual da cultura. Também está colocado de uma maneira bem categórica, na base da teoria, o questionamento dos binarismos com o intuito de desnaturalizar estruturas de opressão. Mas o que são esses binarismos (também referidos como pares binários ou dicotomias) tão falados na teoria feminista?

ESTUDOS DE GÊNERO
- Dimensão relacional da categoria de gênero
- Desnaturalização do sujeito e identidades – questionamento do sujeito ahistórico e universal – dimensão sexual da subjetividade
- Desconstrução de binarismos para desnaturalizar estruturas de opressão (MATOS, p. 336)
- Ferramenta para explicitar, relacionalmente, como as relações de opressão e dominação são elaboradas socialmente. (MARLISE MATOS, p. 336)

Lâmina 4

A partir do binarismo homem/mulher, cria-se um paradigma de análise. Em outras palavras, a partir do binarismo homens/mulheres, desenrolam-se vários outros, sexo/amor, público/privado, razão/emoção, dinheiro/caridade etc. É possível construir uma longa lista de pares binários – aos pares listados acima, podemos acrescentar ainda sol/lua, humanas/exatas, e assim por diante. Ao final, é possível perceber que culturalmente, um dos pares é mais associado a mulheres e outro a homens. Essas são construções sociais que mostram o poder da dicotomia homem/mulher. Muito importante também é notar que sempre um dos pares tem maior valor social: então, entre exatas e humanas, por exemplo, temos valorização de um dos polos, que neste caso é obviamente as exatas. Esse maior prestígio social, numa sociedade capitalista, normalmente se traduz em maior valorização financeira: engenheiros tendem a ser melhor remunerados do que professoras, por exemplo.

Ainda sobre a categoria de gênero, vale enfatizar que se trata de uma ferramenta para explicitar relacionalmente, conforme colocado na Lâmina 4, a maneira como as relações de opressão e dominação são elaboradas socialmente.

Por fim, o termo "feminismo" traz um viés de movimento político e social e de militância, um pouco diferente da "teoria feminista", que tem uma dimensão social e política, obviamente, mas se insere no escopo da academia.

Feminismo no Brasil

No Brasil, o movimento feminista eclode na década de 1970. O movimento de mulheres no Brasil tem uma rica e pioneira história anterior, mas tinham alguma resistência ao termo "feminismo" até então. Cynthia Sarti (Lâmina 5), em seu artigo *O feminismo brasileiro desde os anos 1970: Revisitando uma trajetória*, analisa a história do feminismo brasileiro desde essa década.

No ano de 1975, um marco simbólico importante foi o Ano Internacional da Mulher promulgado pela Nações Unidas. A resistência à ditadura durante toda a década foi um fator extremamente importante, bem como a influência da efervescência cultural do final dos anos 1960, dos movimentos por direitos civis nos Estados Unidos e do Maio de 1968 na França. O Ocidente passava por profundas transformações culturais e sociais, inclusive o Brasil.

Cynthia Sarti
- Eclosão do feminismo na década de 1970
  - Modernização do país
  - Ano internacional da Mulher (1975)
  - Resistência à ditadura
  - Efervescência cultural de 1968
- Movimento de mulheres x movimento feminista
  - Esquerda e feminismo

Lâmina 5

Algumas teóricas feministas

Em relação às teóricas feministas, já mencionei anteriormente Anne-Fausto Sterling e Judith Butler, do mundo anglófono, e Margareth Rago, Marlise Matos e Cynthia Sarti no Brasil. Vou trazer agora Simone de Beauvoir e Audre Lorde para fechar minha fala. São muitas as teóricas feministas relevantes e a seleção poderia ter sido outra, igualmente rica, mas acredito que as citadas aqui ofereçam uma base sólida e robusta para quem tiver interesse em se aprofundar – aconselho deixar para ler Butler por último! Ela tem um estilo bem mais, digamos, opaco de escrita [risos].

Agora então vamos falar um pouco sobre Simone de Beauvoir e seu clássico fundador, *O segundo sexo* (Lâmina 6). Muito conhecida é sua frase "não se nasce mulher, torna-se mulher", mas importante mesmo é ir para os textos para não ficar apenas na superficialidade das frases de impacto.

O segundo sexo foi publicado em 1949, e traz ideias tão pioneiras que até hoje são discutidas – um dos pontos que enfatizei no começo –, às vezes como se fossem grandes novidades da contemporaneidade. Em *O segundo sexo*, Beauvoir problematiza o essencialismo da categoria "mulher". Até hoje existem ecos dessas ideias "essencializantes", como em termos como "alma feminina", "jeito de mulher" etc. Outro exemplo de resquício essencialista é quando se diz que uma mulher trans é "uma mulher presa num corpo de homem". Em todos esses casos, está sendo mobilizada essa ideia antiquada – de, pelo menos, 70 anos – de uma essência anterior e imutável do "ser mulher", de uma "essência feminina". Justamente para enfatizar as mulheres como sujeitas, sugiro não utilizar termos com "feminino" (ex. "voto feminino", "sabedoria feminina" etc). Além de ser um adjetivo – não um substantivo – referências ao "feminino" remetem à essa ideia de uma essência feminina. Faço uma discussão aprofundada do uso sexista da língua num artigo intitulado *Violência simbólica e inclusão pela língua: Uma introdução*, caso alguém tenha interesse. A referência completa a este e outros artigos citados aqui encontra-se no final.

Simone de Beauvoir (1908-1986)
O Segundo Sexo (1949)
- Essencialismo = "a mulher", "o negro"
- Masculino universal
  - Não se define o homem = tipo humano absoluto e universal
- Mulher como o Outro (p.11)
  - Divisão dos sexos vista como dado biológico, não momento da história

Lâmina 6

Voltando à Beauvoir, como filósofa existencialista, ela diz então que não existe uma essência feminina e que ser mulher é uma construção cultural e social – este é o contexto da famosa citação "não se nasce mulher, torna-se mulher". Em outras palavras, só nos tornamos homem ou mulher, ou seja o que for, através da experiência concreta. Mais de 40 anos depois, Butler tenciona ainda mais essa noção e elabora o conceito de performatividade baseando-se em Beauvoir abertamente.

Outra ideia importante contida em *O segundo sexo* é que mulher é o Outro, ou seja, que o ser universal é o homem e por isso não precisa ser definido; ele é o neutro, é o tipo humano absoluto. A mulher, por outro lado, é o Outro que tem que ser definido, o ser não absoluto.

Beauvoir

- "toda estudante que consegue uma posição de mérito ou de advogado rouba-nos um lugar" (p. 18)
- "o mais medíocre dos homens julga-se um semideus diante das mulheres" (p. 18)
- "É preciso muita abnegação para se recusar a apresentar-se como o Sujeito único e absoluto" (p. 19)

Lâmina 7

Na Lâmina 7, trago algumas citações da introdução de *O segundo sexo* para mostrar como Beauvoir continua atual. A frase "toda estudante que consegue uma posição de médico ou advogado rouba-nos um lugar", em referência a mulheres que "roubam" o lugar dos homens no mercado de trabalho pode parecer datada no contexto homens-mulheres, mas é extremamente atual no contexto de discriminação racial, e é até hoje repetida em relação a ações afirmativas como cotas, por exemplo. A ideia de que um aluno ou uma aluna de cotas está "roubando" um lugar destinado à elite branca infelizmente continua muito atual, 71 anos depois.

As demais citações eu trouxe apenas para mostrar como Beauvoir é impiedosa e assertiva ("o mais medíocre dos homens julga-se um semideus diante das mulheres") e também empática e realista ("realmente é preciso muito abnegação para se recusar a apresentar-se como sujeito único e absoluto). Aqui também existe muita pertinência em relação a questões raciais, podemos substituir "homens" e "mulheres" por "pessoas brancas" e "pessoas negras" e daria uma boa reflexão.

Beauvoir

Existencialismo

"Cada vez que a transcendência cai na imanência, há degradação da existência em 'em si', da liberdade em facticidade; essa queda é uma falha moral, se consentida pelo sujeito. Se lhe é infligida, assume o aspecto de frustração ou opressão. Em ambos os casos, é um mal absoluto." (p. 22)

Lâmina 8

Beauvoir, como já mencionado, é uma filósofa existencialista e portanto defende que a moral existencialista tem o objetivo de buscar transcendência – em oposição à imanência – do sujeito. A citação apresentada na Lâmina 8 relaciona claramente o "mal absoluto" da imanência com a opressão, quando inflingida.

Agora, para a última parte da apresentação, trago uma teórica que considero essencial [piscadinha] para os estudos feministas, Audre Lorde (Lamina 9). Lorde viveu de 1934 a 1992 e era uma acadêmica estadunidense negra e lésbica. Um de seus fantásticos textos que eu trago aqui é, no original em inglês, *The master's tools will never dismantle the master's house* (a tradução que acho mais adequada é *As ferramentas do senhor nunca vão desmantelar a casa grande*, que traz para o contexto brasileiro). O texto nasceu como uma fala em um simpósio, que depois foi transcrito. Trata-se de um texto muito referencial, tanto para o movimento feminista negro quanto para a teoria feminista como um todo – e deveria, na minha opinião, ser também referencial para todo o pensamento ocidental.

O título, a princípio, é um pouco enigmático e obviamente metafórico. A metáfora é muito bem construída e desenvolvida ao longo do texto, que é incrivelmente conciso e poderoso.

Em "As ferramentas do senhor nunca vão desmantelar a casa grande", Lorde começa pelas interseções entre gênero e raça, questionando o que acontece quando as ferramentas do patriarcado racista são utilizadas para analisar o fruto desse mesmo patriarcado. A partir dessa pergunta, ela passa a desenvolver o que, eu acredito, seja um paradigma extremamente inovador para se pensar não só relações entre homens e mulheres, como também relações raciais, questões da pós-modernidade, do individualismo e questões anticapitalistas.

> Lorde (1934-1992)
> As ferramentas do senhor nunca vão desmantelar a casa grande (1983)
> "O que acontece quando as ferramentas do patriarcado racista são utilizadas para analisar o fruto deste mesmo patriarcado racista?"
> - Análise da mutualidade entre mulheres, sistemas de apoio compartilhado ou interdependência (p. 26)
> - Necessidade de nurture umas às outras não é patológico mas redentor
> - Interdependência entre mulheres como chave para a liberdade
> - A mera tolerância de diferenças não é suficiente

Lâmina 9

Mas por que anticapitalista? Por que que eu chamo a atenção especialmente para esse ponto? No texto, Lorde promove um paradigma diametralmente oposto ao da competividade, do egocentrismo do paradigma capitalista: ela defende a mutualidade entre as mulheres, o que ela chama de "sistemas de apoio compartilhado", ou "interdependência". Acho esse termo particularmente fantástico, porque, por um lado, temos a ideia de independência como algo positivo quando pautamos o raciocínio pelo binarismo dependência/independência. No entanto, quando questionamos essa lógica binária, podemos perceber que, enquanto a dependência obviamente está relacionada à opressão, a independência, também promove aspectos "negativos" como o individualismo capitalista, a falácia de que se pode existir egoicamente fora de uma comunidade. Aqui faço um parêntesis para recomendar o documentário *O século do ego*, um documentário antigo até, mas que vale muito a pena para refletir sobre as bases ideológicas que mantêm o capitalismo.

Então, saindo da dicotomia dependência/independência, Lorde traz uma terceira via a "interdependência". Por isso, digo que é um *paradigma* inovador: trata-se de uma nova maneira de pensar o mundo, para além das dicotomias e ideologias que estamos acostumadas. Ela diz, como coloquei na Lâmina 10, que a interdependência entre as mulheres é a chave para a liberdade. Normalmente falamos sempre da importância da independência das mulheres, mas aqui Lorde traz um elemento que para ela é fundamental: a comunidade. Ela aprofunda ao ponto de dizer que, sem comunidade, não há libertação. Aqui deixo uma provocação também, pois podemos pensar que o feminismo, como fruto da sociedade do consumo, é pautado no eu, no indivíduo, enquanto Audre Lorde traz para o centro do seu pensamento justamente a ideia de comunidade.

Lâmina 10

Voltando à Lâmina 10, em 1983 Lorde já dizia que "a mera tolerância de diferenças não é suficiente" enquanto em pleno 2020 ainda usamos a ideia de tolerância (o mínimo) como um resultado adequado. Ela segue para dizer que não devemos só tolerar as diferenças, mas que as diferenças devem ser reconhecidas e valorizadas.

"É apenas a interdependência de forças diferentes reconhecidas iguais"; então as forças são diferentes: eu reconheço-me enquanto diferente de você e reconheço a força na diversidade, o que é diametralmente oposto da cultura da competição capitalista. Atualmente, com o advento da pós-modernidade e da política identitária, diz-se que houve a fragmentação do sujeito. Nessa lógica, eu me defino enquanto mulher branca de classe média brasileira latino-americana do sudeste... Vamos nos definindo e, no fim, a pulverização do sujeito é tão grande que se torna muito difícil se reconhecer no outro e não encontrar pares. Lorde inova, mais uma vez, postulando que as diferenças devem, sim, ser reconhecidas, mas colocadas em posição de igualdade.

Conforme vemos na citação na Lâmina 11, Lorde subverte a lógica patriarcal encapsulada no lema colonial "dividir e conquistar", substituindo-o por "definir e empoderar". E ela está falando de empoderamento na década de 1980, não nos anos 2020, quando já é lugar-comum. Mas vamos continuar aprofundando essa citação tão simples e rica: quando digo definir e empoderar, o que entendo por isso? Eu defino-me justamente em toda minha especificidade de sujeito, eu defino-me frente a você, e você também se define. Isso, no entanto, não serve como abismo entre nós: você me empodera eu te empodero, nós valorizamos essas diferenças. As diferenças não são mais motivo para desunião – muito pelo contrário, elas são uma força-motora, uma potência de aprendizado, do aglutinar, do agregar. Repito: trata-se de um novo paradigma. A fragmentação do sujeito enquanto forma de silenciamento e de exclusão, de competição, ainda está no paradigma do dividir e conquistar.

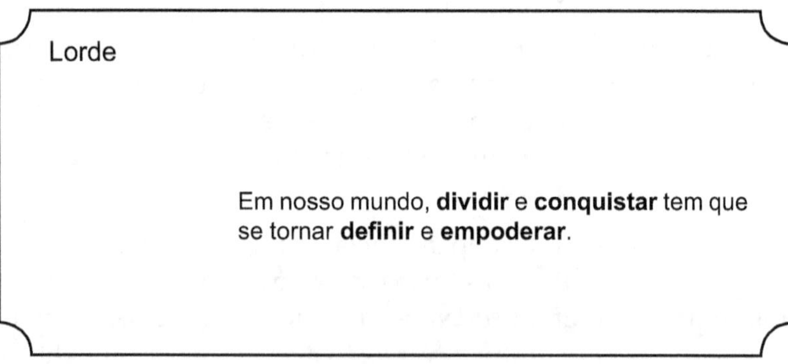

Lâmina 11

Gostaria de fechar com uma citação belíssima da Lorde (Lâmina 12):

> **Lorde**
>
> É aprender a tomar nossas diferenças e torná-las forças. Pois as ferramentas do senhor nunca vão desmantelar a casa grande. Elas podem nos permitir temporariamente vencê-lo em seu próprio jogo, mas nunca vão nos possibilitar causar uma mudança genuína (p.27).

Lâmina 12

No trecho da Lâmina 12, Lorde oferece a chave metafórica do texto, quando diz que "as ferramentas do senhor nunca vão desmantelar a casa grande". Não é usando o dividir e conquistar, reproduzindo a ideologia colonial patriarcal, que se consegue mudar o paradigma patriarcal. Ela diz, então, que "as ferramentas do senhor (...) podem nos permitir temporariamente vencê-lo em seu próprio jogo, mas nunca vão nos possibilitar causar uma mudança genuína". Para Lorde, a única mudança genuína possível está no respeito às diferenças. Ainda que definidas e definidos como indivíduos, o novo paradigma de Lorde propõe a mutualidade do empoderamento, a empatia, a interdependência e o restabelecimento da ideia de comunidade. Sem dúvida utópico, mas por que não? Caminhamos 37 anos desde o texto de Lorde; a construção dos próximos 37 dá-se no agora e pode, sim, ser revolucionária.

Referências

BEAUVOIR, Simone de. *O segundo sexo*. Rio de Janeiro: Nova Fronteira, 2019.

BUTLER, Judith. *Problemas de gênero: Feminismo e subversão da identidade*. Rio de Janeiro: Civilização Brasileira, 2018.

FAUSTO-STERLING, Anne. "The five sexes: why male and female are not enough". In *The Sciences*, 1993, p. 20-24.

GREGOLI, Roberta. Violência simbólica e inclusão pela língua: Uma introdução. In: Steven, C., Oliveira, S., Zanello, V., Silva, E. Portela, C. (org.), *Mulheres e violências: Interseccionalidades* (p. 367-383). Brasília: Technopolitik, 2017.

MATOS, Marlise. "Teorias de gênero ou teorias e gênero?". In *Estudos Feministas*, Vol. 16 N. 2/2008, Florianópolis: UFSC, 1999, p. 333-358.

RAGO, Margareth. "Descobrindo historicamente o gênero". In *Cadernos Pagu*, v. 11. Campinas: Editora da Unicamp, 1998. p. 89-98.

SARTI, Cynthia. "Feminismo brasileiro desde os anos 1970: Revisitando uma trajetória". In: *Estudos Feministas*, CFH/CCE/ UFSC, Vol. 12 N. 2, 2004.

O Século do Ego. Direçao: Adam Curtis, BBC, 2002.

Vigotski – Constituição Social do Sujeito e Educação em Meio à Barbárie

Lavínia Lopes Salomão Magiolino
Doutora em Educação. Professora da Universidade de Campinas.

Gostaria de iniciar manifestando meus sentimentos e minha solidariedade um pouco indignada para todas as pessoas que estão sofrendo com esta pandemia, esta situação que a gente está passando aqui no país.

E, para falar do Vigotski hoje, eu não poderia deixar de falar um pouco dos desafios que se colocam para a educação nesse nosso tempo. A gente vem discutindo muito isso num grupo que acabamos de fundar, eu e outros colegas lá na Faculdade de Educação da Unicamp, que é o Grupo de Estudos e Pesquisa em Educação e Crítica Social (GEPECS). E a gente vem discutindo essa questão da precarização da educação, a privatização dos direitos sociais, que é um termo bastante usado pela colega Carolina Catini e, quando me veio o convite para falar sobre o Vigotski, eu fiquei pensando, "bom, falar o que mais do Vigotski?". O Vigotski tem sido um dos autores mais lidos na área da educação, da pedagogia, da psicologia. Fiquei pensando um pouco, o que poderia ser interessante para a gente discutir sobre a teoria dele, o pensamento dele? No entanto, sem perder de vista alguns desafios, algumas questões que se colocam em perspectiva na atual conjuntura educacional, política e econômica. Então, foi um pouco inspirada nisso – e bastante afetada e indignada pelos acontecimentos que vêm marcando e impactando a nossa sociedade e a educação – que eu tomei coragem para falar do Vigotski com vocês hoje.

O título e mesmo o tema que eu pensei em abordar é um pouco controverso: "Vigotski, a constituição social do sujeito e a educação na barbárie". Na verdade, eu tinha mandado um título enorme, daí a gente foi cortando e ficou assim. Eu pensava em falar da perspectiva histórica-cultural vigotskiana, como ele pensa esse processo de desenvolvimento e constituição do sujeito, mas também falar dos desafios que se colocam para a educação nesse tempo.

Este é um tema controverso porque o Vigotski, se você for procurar a obra dele, a rigor não usava esse termo sujeito, subjetividade. A gente tem algumas contribuições de pesquisadores de estudiosos contemporâneos, como a Susana Molon e outros que falam nesses termos, mas o Vigotski realmente não trabalhava com esse conceito. Desse modo, eu vou falar um pouco aqui do pensamento dele, de como esse entendimento dele sobre esse processo de desenvolvimento do ser humano pode ser compreendido como um processo de constituição do sujeito de maneira radical na trama da sociedade em que ele se encontra; e daí a gente pode falar então na constituição social do sujeito e da subjetividade.

Bom, então, vou falar um pouco sobre a trajetória do autor e depois eu entro no tema propriamente. Vigotski apesar de ter os estudos sendo bastante referenciados no campo da psicologia, da pedagogia e da educação, não era propriamente formado em psicologia. Nesse sentido, acho que tem alguma coisa bastante interessante na trajetória dele, que é o fato dele ser um fruto da Revolução Russa. Um biógrafo dele afirma que ele era um filho da revolução, o pensamento dele vai se constituindo sobre esse signo, sobre essa marca. Ele nasceu em 1896, era contemporânea do Piaget. E é interessante porque eles se distanciam radicalmente na abordagem do desenvolvimento e da constituição do sujeito. Boa parte dessa diferenciação radical se dá justamente pelo contexto histórico, político, por essa ambiência cultural e educacional marcada pela revolução.

Ainda falando um pouco da trajetória do contexto e da emergência do pensamento dele, é preciso interessante pontuar que sua obra emerge nesse contexto e na intercessão propriamente da arte e da educação. Então eu vou (re)colocar o pensamento do Vigotski que é bastante referenciado na psicologia a partir destes campos que se cruzam: a arte, a educação e a psicologia. Mas vou apontar também a base filosófica bastante importante para o desenvolvimento do pensamento do autor que remonta ao Espinosa – daí minha referência já aqui ao Fernando Bonadia que já fez a live com vocês – e à filosofia marxista. Vou falar um pouco disso e daí a gente vai entender como é que o sujeito se desenvolve e se constitui nestas bases teóricas e filosóficas: o monismo espinosano e o materialismo histórico dialético. Esse é o prisma de investigação, análise e desenvolvimento do pensamento vigotskiano. Vou falar um pouco também dos principais conceitos, ou teses dessa abordagem. Depois vou então colocar os desafios que a gente vai já antevendo, que a gente vai sentindo na atual conjuntura, no que a gente vem entendendo como a educação em tempos de barbárie.

As ideias de Vigotski em curso – vida e obra na interseção psicologia com a arte e a educação em revolução

Então é interessante começar a pensar no Vigotski para além deste que aparece para gente no campo da psicologia unicamente, unilateralmente. Ele era filho de uma família judia, que não chegava a ser abastada, mas que tinha bastante apreço e cuidado com os estudos, com uma certa formação cultural, então ele estudou, passou boa parte da vida estudando em casa com a mãe. A mãe era uma pessoa bastante culta. Ele aprendeu várias línguas, depois ele estudou com tutor, até que ele foi para um contexto escolar. E é interessante porque dizem os biógrafos que o Vigotski com mais ou menos 12 anos participava de um grupo de amigos que lia e discutiam Hegel, a filosofia hegeliana. Então, só para vocês terem uma ideia de como se dá a formação dele e também de como estas preocupações que ele tinha desde a juventude vão marcar o seu pensamento.

Outros livros, outras filosofias e também outros textos que vão ser importantes na trajetória dele, dizem os biógrafos, vão ser *A Ética de Espinosa* e também *Hamlet*, de Shakespeare. Vigotski era um sujeito bastante preocupado e interessado em diferentes questões, em abordagens que colocavam em cena a constituição do sujeito. Então era o Hamlet que o interessava, era *A Ética* espinosana, era a filosofia hegeliana – e ele vai se constituindo nessa trama. Alguns pesquisadores e estudiosos da obra dele vão dizer que o Hamlet é um texto que marca a trajetória de vida de Vigotski – e também o pensamento dele. Pablo del Río e Amélia Avarez têm um texto muito legal sobre Vigotski e falam do drama na psicologia e a psicologia do drama na abordagem vigotskiana. De fato, desde a juventude, Vigotski interessa-se por esse Hamlet, o personagem do Shakespeare, que é um príncipe que precisa vingar a morte do pai, do rei, e que não faz isso até o final da peça! A trama toda do Shakespeare vai se desenvolvendo de uma maneira que tudo, diz Vigotski, vai acontecendo na sombra, como se fosse nos bastidores, não é diante dos olhos do público que fatos cruciais insurgem: o assassinato do rei pelo seu irmão, o fantasma que (não) aparece. Hamlet, para Vigotski, acaba sendo esse sujeito que precisa ocupar uma posição social – o filho, o príncipe que tem que ocupar esse lugar, vingar a morte de seu pai e ocupar o trono, mas que é marcado por uma inação. Aqui é interessante porque críticos literários da época viam Hamlet como um sujeito esquizofrênico, covarde, que não vinga a morte do pai, que não assume o papel que lhe cabe na história, que não assume a coroa. Vigotski, ao contrário, vai olhar mais para um ponto que acaba sendo bastante importante depois, no modo como ele vai discutir, definir e pensar o processo de constituição da personalidade e do sujeito: o drama da existência. Vigotki encara o drama da existência desse sujeito, Hamlet que, em ocupando diferentes posições sociais, o filho, o príncipe, o apaixonado por Ofélia, vive em conflito. E é justamente esse aspecto conflito-dramático que vai marcar o processo de constituição da personalidade humana para Vigotski.

Isso o inspira a escrever sua monografia de conclusão do curso lívre na Universidade do Povo de Chaniaviski em

1917 – ano da revolução russa. Ele acaba fazendo duas graduações. Aqui é importante destacar que, na época, como judeu, o que dava certa liberdade para o deslocamento no território era a profissão: medicina ou direito. Por pressão da família ele se matricula em medicina, mas depois acaba se transferindo para direito. Ao mesmo tampo, ele também começa os estudos de filosofia, literatura e artes na Universidade do Povo num curso de graduação que ele termina com um trabalho de conclusão sobre Hamlet – traduzido diretamente do russo e publicado sob o título: A tragédia de Hamlet, Príncipe da Dinamarca. Texto que, mais tarde, vai servir de base para um dos capítulos que ele vai trabalhar em sua tese de doutorado A psicologia da arte, em que defende a arte como uma técnica social das emoções. Ele opõe-se a diferentes abordagens da época que olhavam a arte de uma maneira bastante mecanicista, por um viés abertamente sociológico ou estritamente psicológico. Nesse ponto, podemos perceber o impacto do materialismo histórico e dialético na análise da arte que ele vai fazer. Então a gente tem um sujeito bastante interessado em literatura, artes, filosofia – sobretudo na doutrina de Espinosa. E é esse sujeito que vai depois se dedicar à elaboração de uma teoria em psicologia que a gente vai na chamar de perspectiva histórico-cultural; e que vai pensar o processo de constituição do sujeito na história e na cultura.

Ao terminar os estudos na universidade, em plena Rússia pós-revolução, Vigotski retorna para a cidade de Gomel. Sua família estava em condições bastante difíceis, um dos irmãos adoece de tuberculose – e ele acaba contraindo a doença que vai vitimá-lo depois. Ele começa a dar aula em cursos de formação de professores e pedagogos, em escola para trabalhadores. Então, a gente vê mais uma marca do seu trabalho: uma preocupação muito grande com a educação. Arte e educação, são dois campos que vão constituindo e marcando não só a sua trajetória de vida, mas também o seu pensamento.

Em Gomel, ele é professor e, ao mesmo tempo, assume também a chefia do departamento de artes da cidade. Nessa época, ele passa, dizem os biógrafos, a trabalhar com as produções artísticas culturais locais – vai dar palpite na construção dos cenários das peças locais, escrever críticas literárias numa revista na época (muitos destes textos foram recentemente traduzidos e publicados na tese da Priscila Marques, em que ela retoma esses textos do Vigotski crítico literário; tem um texto bastante interessante sobre teatro das crianças pequenas; outro sobre teatro revolução).

Nessa época, a gente pode perceber um Vigotski professor, profundamente envolvido com o ensino da classe trabalhadora e dos professores, mas também um crítico de arte, bastante envolvido com uma vida cultural da cidade. Envolvido nessa ambiência cultural e artística com uma aguda preocupação com a educação, ele compôs uma revolução na área da psicologia. Mas o mais importante é que é nesse ponto que a gente começa a ver a germinação do pensamento dele na psicologia. Ele não se formou nesta área, mas começa a realizar algumas incursões ou experimentos no campo da psicologia. Ele queria entender qual era o impacto da arte, da literatura em seus educandos – como é que a pessoa reage à arte, como a reação estética se produz, por exemplo, ao recitar poemas. Ele gostava muito de poesia – Mandelstam era o seu poeta predileto. E aí que ele começa então a enveredar para psicologia!

Sua preocupação primeira era com a educação, a formação do novo homem socialista numa sociedade pós-revolução. Não é à toa também que ele vai escrever um pouco depois disso, um texto bastante importante também: A educação estética. Então, a gente enxerga o pensamento de Vigotski como emergindo de campos diferentes que vão se cruzando, se entrelaçando num contexto que é um contexto bastante sui generis, na recente revolução. Por isso, alguns vão dizer que ele é filho da revolução, que seu pensamento é fruto da revolução, que ele é um cientista revolucionário. A entrada do Vigotski na psicologia dá-se por essa via, marginal.

É somente quando participa de um congresso em Moscou, em 1924, que ele será reconhecido no campo da Psicologia propriamente dito. Dizem que ele estava lá com uma singela folha de papel com suas anotações. E começa a falar e passa a tecer críticas sagazes à corrente em psicologia que dominava a época, a abordagem reflexológica – cujo representante era ninguém menos do que o diretor do Instituto de Psicologia de Moscou. Ele coloca uma questão bastante importante a ser enfrentada pelos psicólogos: a consciência. Ele defende que esta deveria ser compreendida como um problema da psicologia do comportamento.

Na psicologia do comportamento, à época, o que se dizia era que tudo podia ser estudado em termos de reações, de reflexos, de estímulo e resposta de reflexos. Estamos falando ainda da passagem do século 19 para o 20, quando a psicologia emerge como ciência também; ainda é bastante impactada, por exemplo, pelo trabalho de Pavlov, entre outros. Nesse contexto, as explicações sobre o homem e os processos psicológicos davam-se em termos de reflexos, das reações que se produzem na interação do homem com o mundo. Então, Vigotski, nesse congresso, vai fazer uma crítica ao modo como a psicologia da época explicava o homem, o sujeito, a consciência humana estritamente em termos de reflexos de estímulo e resposta. Para ele, o homem, a consciência humana não pode ser explicada simplesmente nesses termos. A consciência é algo muito mais complexo. Ele vai assumir como princípio explicativo o materialismo histórico e dialético, vai propor um novo modo de compreensão do homem, da consciência. Embora seja fundamental, nosso aparato biológico da espécie humana não é capaz de explicar toda a complexidade do comportamento do homem, do ser humano. É, então, que ele vai buscar na abordagem marxista uma explicação que se constitui para além desta, que se fundamenta na análise da história e da cultura, e no modo como o sujeito se constitui na trama da história da cultura.

Desenvolvimento, consciência, personalidade: a dramática e contraditória constituição do sujeito e da subjetividade

Dentre as principais críticas à psicologia da época, Vigotski assinala a ausência de uma abordagem monista e dialética. É, então, que ele desenvolve uma explicação que vai se pautar no monismo de Espinosa e também no materialismo histórico dialético de Marx e Engels. A consciência, a mente humana, tem uma gênese social, e não estritamente biológica. O ser humano só se constitui como tal, no convívio social. Com relação a isso, a gente pode pensar em vários exemplos inclusive da época da história das meninas das irmãs da Amala e Kamala, do garoto selvagem do Vitor, ou mesmo das meninas do recente documentário A maçã. Esse último retrata a vida de duas irmãs que ficam isoladas em casa e, com isso, têm seu processo de desenvolvimento comprometido. Existe um aparato biológico da nossa espécie, forjado no e pelo processo de evolução que nos permite fazer várias coisas, como falar, imaginar, mas não outras como voar. Esse aparato biológico vai ser desenvolvido ou, como ele vai argumentar, redimensionado nos, e pelos processos históricos e culturais. Então, a gente tem algumas funções elementares e outras que são as funções psicológicas superiores – entrando aqui em conceitos importantes. As funções elementares são as mais relacionadas a instintos, funções que a gente também pode perceber em animais. As funções psicológicas superiores, são mais complexas, são desenvolvidas na história e na cultura, na trama da significação. A linguagem, o pensamento e a memória, são exemplos destas últimas.

Esses processos funcionam como forças que se interrelacionam na consciência humana de maneira orquestrada, dando corpo ao ser humano e à sua subjetividade. Essas funções, específicas dos seres humanos, só se desenvolvem graças à linguagem, sua dimensão sígnica, semiótica. Aqui é importante fazer um parêntese: a gente não trabalha com a ideia de que as elementares são subjugadas pelas superiores, deixando de existir; há um processo de redimensionamento das funções psicológicas superiores que são características dos seres humanos. Esse é um ponto central na abordagem vigotskiana para a gente entender a emergência da consciência humana a dramaticidade da existência do sujeito.

Vigotski dialoga com uma série de abordagens em psicologia e com doutrinas filosóficas já arraigadas que vão colocar em pauta o embate entre a natureza e a cultura – desde Rousseau e o bom selvagem, a Locke e seu empirismo radical. Ele contrapõe-se a abordagens que radicam a explicação em um ou outro polo. Nesse sentido, aproximar-se-ia de um interacionismo piagetiano. No entanto, as diferenças com Piaget são radicais. Não vou entrar nessa polêmica aqui, mas vou destacar que o vetor do desenvolvimento humano é radicalmente diferente para esses dois autores que são comumente identificados com interacionistas e construtivistas. Para Vigotski, o homem já nasce em uma trama social que o enreda dialética e contraditoriamente e é justamente por isso que ele consegue se desenvolver como ser humano, que constitui as funções psicológicas superiores e pode se tornar um ser único, um sujeito. Então, notem que o vetor do processo é do social para o individual. É porque a gente vive em um meio social que a gente se torna um sujeito único na existência, como diria Bakhtin. Não se trata de um processo de socialização, de descentralização da inteligência, do pensamento egocêntrico, como propõe Piaget.

Percebemos como as questões com as quais Vigotski se debatia diziam respeito ao que caracteriza o especificamente humano. O que diferencia o ser humano dos outros animais? O que torna possível a consciência humana? O que torna o ser humano um sujeito? Toda a discussão no campo da filosofia, desde sua crítica a uma abordagem inatista até uma abordagem empirista que se espraiam na psicologia da Gestalt ou da Reflexologia – em sua ênfase no indivíduo ou no meio – vai ser superada pelo prisma do materialismo histórico e dialético e do monismo espinosano. Esse é o princípio que norteia o pensamento dele e o faz se colocar de maneira bastante crítica a abordagens adaptativas, reducionistas e restritivas do desenvolvimento. Para ele o desenvolvimento humano é um processo revolucionário que deve visar a liberdade.

A gênese social e o processo de internalização das relações sociais que se convertem em funções psicológicas superiores – esse termo já foi bastante criticado e alguns autores já falam de apropriação e significação –; vou falar um pouco disso, tentar ser sintética nessa parte para a gente passar então para constituição do sujeito na educação dos nossos tempos. A ideia de que o homem, ser humano, cria as condições da sua existência já estava lá, em Marx e Engels, na dialética da natureza. Esses autores colocavam já que o homem criava instrumentos pelo trabalho e, ao fazer isso, afetava a si mesmos, a sua história, seu modo de ser.

Gosto sempre de lembrar da passagem de Marx sobre os órgãos dos sentidos em que ele comenta como vão se desenvolvendo a ponto de o ouvido humano ser capaz de captar as diferentes nuances e reverberações de uma música. Então, essa ideia de que o homem produz instrumentos que afetam e (re)criam a sua condição de existência vai ser bastante importante para Vigotski. Podemos pensar em como a produção dos instrumentos, da primeira machadinha pelo homem amplia a possibilidade de ação da mão dele – ele não vai mais quebrar a pedra com a mão; ele tem um instrumento que amplia o seu poder de ação na natureza.

Para Vigotski, também o ser humano transforma a natureza pelo trabalho e, ao fazer isso, ele vai ser transformado e redimensionado até em sua condição fisiológica e psíquica. A essa ideia Vigotski adiciona a noção de signo que amplia e redimensiona a ação humana em termos psíquicos. A palavra signo, por excelência, é a base da consciência, material semiótico da realidade psíquica, corpus do psiquismo. Daí a centralidade da linguagem na abordagem vigotskiana. Ele vai se deter muito na relação entre o pensamento e a linguagem no processo de constituição do homem – eu não vou me demorar muito aqui. Vou pontuar apenas que, em um determinado momento do desenvolvimento da criança há um salto qualitativo em que o pensamento e a linguagem se interrelacionam de tal forma que o biológico se transforma em sócio-histórico – algo que já virou jargão; a inteligência prática que aproximaria as crianças dos macacos antropóides, os mais próximos da gente na evolução é transformada. Então, você tem todo um aparato biológico que possibilita o surgimento da linguagem, do pensamento, mas é na relação social histórica da cultura da criança no meio dela que ela, em contato com outros seres humanos, se comunicando e, ao mesmo tempo apreendendo os sentidos e significados das palavras no contexto, ia passando a usar essas palavras com sentido e significado que se tem essa transformação e entrelaçamento da linguagem e do pensamento.

A questão do signo não é finalizada em sua obra. Seus colaboradores vão realizar experimentos para entender e explicar o papel da linguagem não só na comunicação, mas também na organização do pensamento. Eles fizeram com as crianças pequeninhas em que eles pediam para realizar alguma tarefa (pegar um pote de biscoito), mas as proibiam de falar e elas não conseguiram fazer. Notaram como a linguagem tem diversas funções, não serve apenas para comunicação, mas também para organização do pensamento e o planejamento das ações. A gente vai percebendo o papel de mediação da palavra, do signo.

Nos experimentos sobre a memória também, a gente vai vendo como a linguagem vai funcionando como uma espécie se signo, algo que ajuda a lembrar. Eu falei da primeira machadinha, mas a gente tem aqui hoje, conversando pelo computador, esse grande instrumento criado pelo ser humano. A gente tem o celular também que, entre outras coisas, utilizamos para lembrar, como um recurso, um suporte de nossa memória. Ambos são instrumentos que o ser humano cria e que afetam o seu funcionamento psíquico. Isso tem a ver com a questão da internalização – uma série de eventos externos, de relações sociais que a criança vai vivendo no meio cultural, social de que faz parte.

Passando por uma série de experiências, as relações sociais vão sendo internalizadas e se tornam funções psicológicas superiores, como comentei. Essas funções psicológicas são mediadas pelo outro e pelo signo, são semioticamente mediadas. A professora Ana Luiza Smolka vai falar em termos de apropriação; o professor Pino em termos de significação e de conversão das relações sociais em funções psicológicas. O processo dá-se pela mediação do outro na relação social e do signo. Um exemplo bastante importante dado por Vigotski é quando ele fala do gesto de apontar. A mãe, na interação com o bebê, vai nomeando as coisas. A criança quer alcançar alguma coisa que ela não consegue. Então ela começa a fazer esse movimento de pegar, a mãe acolhe esse movimento e dá um significado para ele. Então, esse movimento vai se tornar um gesto, o gesto de apontar. Toda vez que a criança quer alguma coisa ela aponta. Esse processo denota como o movimento vai sendo significado, vai sendo internalizado pela criança – a germinação do pensamento e da linguagem.

Todas as funções psicológicas superiores são afetadas de maneira irreversível pela linguagem por conta dessas funções que a linguagem no ser humano tem, que estão além da comunicação. O processo de internalização, significação, apropriação e conversão das relações sociais em funções psicológicas superiores não é um processo unilateral. A relação social não é internalizada per si, tal como ela acontece em termos de um processo de significação. O que a criança internaliza é a significação da relação social propriamente dita. O processo de significação passa por um sujeito, também é produção de um sujeito. A significação compreende os aspectos sociais, culturais de uma palavra e, ao mesmo tempo, os mais subjetivos, de ordem pessoal.

Quando eu falo uma palavra, folha, por exemplo, cada um vai pensar numa folha diferente. Todo mundo consegue entender o significado da palavra folha, porque o significado já foi instituído de alguma forma, no meio social, no contexto. Agora, há também a dimensão do sentido, que contempla os aspectos mais subjetivos. Eu penso na folha do livro que eu adoro, você pensa na folha do caderno que rasgou quando brigou com alguém, o outro pensa na folha de uma árvore que caiu. Então, o processo de significação vai implicar sempre uma dimensão histórica, cultural de um significado instituído e também a dimensão da experiência humana da experiência subjetiva. E aqui, justamente, entra um fator importante: o fator afetivo a que Vigotski se dedicou bastante. Embora não tenha concluído seu estudo sobre o tema das emoções e dos afetos, ele se baseou na obra do Espinosa – como defendemos outras pessoas e eu, apesar de ser algo polêmico. Isto vai levá-lo a não assumir um pensamento dicotômico, cartesiano.

Vigotski vai criticar a psicologia da mente, toda psicologia de sua época, classificando-a como cartesiana. Quando ele vai falar da educação, de artes e da educação estética, ele fala da arte como a técnica social das emoções. Ele vai trazer para o escopo de pensamento psicológico, educacional, a arte. O processo de desenvolvimento humano dá-se atrelado às práticas sociais, na história e da cultura humana. Então, a gente pode pensar no desenvolvimento como um processo de constituição de um sujeito, de subjetividade(s). Ele não está dado a priori e também ele não é condicionado pelo meio. Ele é um processo de constituição de um sujeito na trama das relações sociais.

Em 1929, em seu manuscrito, em sua psicologia concreta, ele vai falar disso. Ele vai falar do processo de constituição da personalidade – como disse anteriormente, ele não usa o termo sujeito ou subjetividade. Ele faz alusão aos personagens da *commedia dell'arte* com papéis fixos no enredo. Então, você tem um *pierrot*, ou *colombina*, personagens que têm sempre o mesmo papel. A trama muda, mas o personagem é o mesmo, tem uma identidade fixa. Vigotski fala, então, que a psicologia de sua época olha para o homem, ser humano, e compreende o sujeito em termos de uma identidade fixa. Ele vai falar de uma personalidade que se constitui de maneira dramática. Hamlet, de Shakespeare, aparece como exemplo prototípico do drama na constituição da personalidade, do sujeito.

Como comentei, esse sujeito que vive diferentes papéis assume diferentes posições sociais, em que as diferentes funções psicológicas agem na mente como forças muitas vezes contrárias, de maneira orquestrada ou não. A razão ou o pensamento, por exemplo, não tem primazia sempre. Vigotski dá o exemplo de um juiz que vai julgar a esposa, um juiz, presumidamente imparcial (embora não seja o nosso caso, brasileiro) que vai julgar sua esposa. Nesse papel social, ele deveria ser guiado pela razão e condená-la. Mas, como ele também é marido, também assume esse papel, ele a ama e não a quer condenar. Razão e emoção conflitam.

O ser humano, vivendo diferentes papéis, ocupando diferentes posições sociais, sendo constituído pelas redes sociais, tem as suas funções ou sistemas psicológicos em conflitos que o constituem. Eis o drama que dá corpo a personalidade que constitui o sujeito e a subjetividade. De certo modo, ele retoma bem a ideia de Marx de que o homem, ser humano, é um agregado de relações sociais. O sujeito constitui-se de uma maneira que é radicalmente diferente dos animais, porque, no aparato biológico, nos sistemas orgânicos, a possibilidade de conflito não se faz presente. A aranha, como também vai dizer Marx, faz uma teia maravilhosa, mas ela faz isso por instinto. O homem cria, planeja uma casa e constrói de uma maneira diferente. A condição de existência do ser humano é radicada no conflito, dramática porque não está dada nem pelas condições biológicas e nem totalmente condicionada pelo meio. Então, é por isso que a gente fala desse processo de desenvolvimento como um processo de constituição de um sujeito por meio da ação criadora.

A constituição social do sujeito e os desafios à educação: o sujeito enredado na trama autoempreendedora de uma educação neoliberal

Tratar desse processo na trama de relações sociais implica olhar para a sociedade. Aqui eu vou comentar um pouco sobre os trabalhos de Dardot e Laval para ir finalizando a nossa conversa. A nossa sociedade, engendrada nessa ordem racional, neoliberal de que esses autores falam, pautada pela relação mercantil, instiga-nos a pensar na ideia de relação social como algo também mercantilizado. Isso também nos leva a pensar em condições de liberdade, de vida e existência, hoje.

A precarização das relações de trabalho nessa sociedade neoliberal que coloca a liberdade em termos de livre concorrência individual, é algo bem diferente da sociedade pós-revolução na Rússia à época de Vigotski. Naquele momento, apregoava-se a importância da educação da arte na formação do "novo homem", na nova sociedade socialista. É interessante – e também desesperador! – pensar também o papel da educação na constituição desse ser humano hoje, esse homem/mulher que autores chamam de homem empresarial, um sujeito que internalizou as práticas sociais pautadas pela concorrência, que se constituiu nas relações mercantilizadas. É um sistema que vive sob esse signo, o signo da concorrência, do autoempreendimento e não da revolução. E é também interessante pensar nos desafios que a gente tem para enfrentar isso no campo da educação, porque a escola tem um papel importante nesse processo todo. Não é à toa que a gente começa a ver toda uma reforma da educação e da escola em termos de organização dos conteúdos, do que vai ser ensinado, trabalhado na escola.

Não sei se vocês conhecem ainda, mas aqui em São Paulo, o governo do estado lançou um programa chamado Inova Educação. O programa, atrelado à chamada Reforma do Ensino Médio, traz uma série de mudanças na organização da escola e dos conteúdos com implicações graves ao trabalho docente e à formação dos estudantes. O que a gente vai percebendo nesse panorama educacional, nas propostas que se tem para a escola pública é um menosprezo, uma banalização do conteúdo. A preocupação com a constituição de um projeto de vida do jovem está claramente posta no Inova Educação aqui em São Paulo. É mais interessante ainda quando a gente pensa que na socioeducação dos adolescentes em conflito com a lei, por exemplo, isso já estava dado. O cumprimento das medidas socioeducativas implicava construir um plano individual de atendimento (PIA) que pontuava necessariamente a preocupação com o projeto de vida destes adolescentes. O plano, que tinha que ser aprovado pelo juiz, devia ser executado em conjunto com todos os atores que eram responsáveis pelo trabalho, pelo cuidado dos adolescentes em cumprimento de medida socioeducativa, assistente social, psicólogo e até os professores da escola eram envolvidos no processo. No entanto, é necessário pontuar que, em São Paulo, quem ficava responsável pelas medidas socioeducativas nos meios abertos, não é o Estado propriamente dito, mas organizações e fundações – que se associavam, por exemplo, ao Itaú Cultural ou Instituto Unibanco que se dedicavam ao oferecimento de oficinas. Então, nesse campo da socioeducação, já havia um modelo de controle da vida desses meninos.

Agora, na educação formal, na escola, você tem um controle pela construção de um projeto de vida essencialmente radicado no desenvolvimento de competências e habilidades – socioemocionais, sobretudo – necessárias ao empreendedorismo juvenil. O foco recai justamente na subjetividade. Na Base Nacional Curricular Comum, há também uma ênfase no processo emocional. Há uma política de desenvolvimento de habilidades e competências emocionais posta. Isso nos leva ao tema da educação na barbárie – que precariza o trabalho do professor, que acelera os tempos todos e visa controlar a vida.

A escola vai agir justamente no processo de constituição social deste sujeito e de uma determinada subjetividade e não mais no processo de formação propriamente dito. Não se tem mais que fazer artes, filosofia, sociologia na escola porque isso não é útil para sociedade e necessário para o mercado de trabalho. A necessidade desta sociedade e de seu mercado é um sujeito hábil e competente – sobretudo emocionalmente – para lidar com as intempéries do mercado, um sujeito autoempreendedor de seu sucesso e que assume os riscos de seu fracasso. A questão é que não há trabalho para todos neste mercado. Há um projeto de sociedade evidente, mas é um projeto altamente excludente em que não cabem os filhos dos trabalhadores. Então, você entende a necessidade de uma educação que visa a captura dessa subjetividade, que encarcera o sujeito em sua própria subjetividade autoempreendedora.

Autoempreender implica olhar constantemente para si e não para o meio, desprezar o coletivo, se adaptar às condições sociais dadas e não lutar pelo fim das desigualdades ou pela transformação social. E o meio de encarceramento acaba sendo o trabalho com as emoções, porque você tem um controle do sujeito no plano das afetações, no campo da servidão dos afetos – como diria Espinosa. Isso se torna ainda mais perverso nessa nossa realidade virtual atual, na esfera das redes sociais. Você captura esse sujeito e o enreda em uma sedutora trama de afetação.

Não vou conseguir falar muito mais disso, mas a ideia hoje era falar um pouco do pensamento do Vigotski e colocar alguns pontos que me parecem interessantes para a gente fazer frente aos desafios que se colocam na educação nesses tempos bárbaros. São tempos em que não cabem todos, não há espaço para a vida de todos. Então, em um olhar mais atento ao que está acontecendo, a gente vai vendo cada vez mais uma ação de Estado em termos de uma ação de exclusão, de extermínio e mesmo de necropolítica – como bem argumenta Mbembe.

Natureza, Humano, Devir – a Filosofia Trágica do Jovem Nietzsche

José Fernandes Weber
Doutor em Educação. Professor da Universidade Estadual de Londrina.

Nestes tempos da auto-satisfeita proclamada falta de sutileza da inteligência, de embotamento da imaginação e da sensibilidade, de negação da singularidade inscrita no viver e no morrer, de assunção da esperança de salvação inscrita nos poderes da ciência – todas estas, manifestações de uma reiterada recusa do pensar – seria conveniente novamente repor a pergunta sobre as razões para a existência da filosofia. Sem querer defender uma visão restritiva da filosofia, parece que a filosofia sempre está em quarentena, em estado de exceção, sempre está na posição incômoda de ter que se justificar. E está bem que assim seja. Do contrário, significaria que ela teria estabelecido pactos com o estado de coisas acima descrito e, se assim fosse, tratar-se-ia de uma desfiguração da sua força crítica e criativa. Como afirma Deleuze (1976, p. 87), numa certeira e desconcertante definição da filosofia, "(...) a filosofia serve para prejudicar a tolice, a filosofia faz da tolice algo de vergonhoso". Seria demasiado exigir que a cultura, esse colossal sistema de promoção da tolice, promovesse a filosofia com boa consciência. Seria escandaloso um tempo no qual isso ocorresse. Assim, desde sempre, é a tolice ou a presunção que a filosofia visa, e com isso, visa justamente o *ethos* do humano tolo ou presunçoso; visa, portanto, o conjunto das práticas humanas cujo signo máximo é a indistinção, o apagamento de qualquer traço diferencial. Potenciar, atualizar, criar o incômodo com o mundo, eis aquilo que a tolice ou a presunção não podem suportar. E, no modo como atualmente nos posicionamos frente à pandemia, à peste, há todo um aprendizado a respeito dessa tênue fronteira entre a suficiência da vida, "apesar de tudo", ou da maldição da vida, justamente "por causa de tudo".

Este texto, porém, não trata propriamente da peste, da pandemia, embora seja possível tomá-las como um pórtico de entrada ao problema do trágico, pois o tema do "trágico" inevitavelmente nos coloca no rastro da peste. Quem tenha lido "A peste", de Albert Camus – que é um texto mais do que adequado para cultivar a crítica e a criação –, lembrar-se-á do seu final, em que, passada a peste, a vida volta gradativamente ao "normal", no qual Rieux, personagem que toma a cena final, lembra que essa alegria, que ele percebia voltar à cidade, identificada nos gritos das pessoas que comemoravam a volta das atividades normais, que essa alegria estava sempre ameaçada, porque ele sabia:

> (...) o que essa multidão eufórica ignorava e que se podia ler nos livros, que o bacilo da peste não morre nem desaparece nunca, pode ficar dezenas de anos adormecido nos móveis, na roupa, espera pacientemente nos quartos, nos porões, nos baús, nos lenços e na papelada, e sabia também que viria, talvez, o dia em que, para desgraça e o ensinamento dos homens, a peste acordaria seus ratos e os faria morrer numa cidade feliz. (CAMUS, 2000, p. 198)

Se a peste vem para "a desgraça e o ensinamento dos homens", parece que o ensinamento nos ficou pelo caminho, tendo nos restado apenas a desgraça que a peste traz. Difícil não ver o grande teatro e não concluir: que triste animal o humano!

Por que iniciar com a menção à Camus, se a referência mais importante a este texto é Nietzsche? Pela relação intrínseca que o problema do "trágico" possui com um problema central também às filosofias existencialistas, de modo que se poderia afirmar, sem dificuldade de sustentá-lo, que em ambos, tal problema fundamental consiste em responder à seguinte pergunta: Quanto vale a vida? Supondo que tenha algum valor. E junto com isso: como explicá-la? O problema do trágico, tal qual concebido por Nietzsche, mas tal qual pode ser apreendido desde o pensamento antigo – expresso nas tragédias Gregas, de um modo pontual, mas não apenas nelas –, configura-se a partir da necessidade de questionamento sobre o valor da vida. Quanto vale aquilo que recebe, no âmbito mais específico da sua constituição a marca da finitude, a marca do desaparecimento? Nietzsche é um dos filósofos que pensou este problema com extrema perspicácia, razão pela qual vale a pena conjugar estes temas e problemas mais gerais e apresentá-los agora a partir dessa referência pontual, que é a filosofia do Nietzsche.

Há uma passagem da obra *Ecce Homo*, na parte específica dedicada a *O nascimento da tragédia*, em que Nietzsche, em um dos seus arroubos característicos, afirma: "(...) nesse sentido, eu tenho direito de considerar-me o primeiro filósofo trágico, ou seja, o mais extremo e antípoda de um filósofo pessimista, antes de mim não há essa transposição do dionisíaco em um (patos) filosófico" (NIETZSCHE, 1998, p. 34). Desconsidere-se a grandiloquência da passagem, mas leve-se muito a sério a ideia, não o fato de Nietzsche se considerar o primeiro filósofo trágico, mas de algo como uma filosofia trágica se constituir como sinônimo de filosofia. Portanto, é preciso deixar de lado a referência subjetiva de Nietzsche a si próprio e fixar a atenção na compreensão da filosofia como filosofia trágica.

Em seu livro *Ensaio sobre o trágico*, Peter Szondi apresenta uma interpretação extremamente produtiva, segundo a qual, até Aristóteles há uma poética da tragédia e a partir de Schelling, há uma filosofia do trágico. Importa aqui, não tanto desenvolver as diferenças entre uma filosofia da tragédia e uma filosofia trágica, tal como sugerido por Szondi, e sim, perceber, o que há de filosoficamente relevante na autoproclamação de Nietzsche como o primeiro filósofo trágico. Ou seja, destacar esta terceira via, que consiste não mais em uma poética da tragédia, mas também não mais em uma filosofia do trágico, e sim, uma filosofia concebida como trágica em sua própria enunciação filosófica. Em temos muitos gerais, poder-se-ia sustentar que essa filosofia trágica se vincula com a enunciação do dionisíaco. Portanto, uma filosofia trágica é uma filosofia dionisíaca, tendo ela como horizonte teórico fundamental de constituição, a contraposição a uma interpretação moral do mundo.

O que constitui, portanto, uma filosofia trágica? É uma filosofia que recusa à moral, o direito e a legitimidade de enunciar a última palavra sobre o sentido da nossa enigmática existência. Uma filosofia trágica, portanto, recusa a legitimidade da moral em dar a resposta sobre ao enigma do mundo, ao sentido do mundo, ao seu valor, ao valor da vida.

Em *A disputa de Homero*, texto publicado nos *Cinco prefácios para cinco livros não escritos* – uma compilação de textos breves que Nietzsche escreveu, que eram projetos para futuros livros mas que não foram desenvolvidos – Nietzsche apresenta uma das mais produtivas definições para apontar uma espécie de continuidade de temas e problemas no conjunto do seu pensamento, e que toca no ponto central da filosofia trágica e da recusa à legitimidade da moral em fornecer uma explicação defensável do sentido da vida e do sentido do mundo. Diz Nietzsche:

> Quando se fala de humanidade, a noção fundamental é a de algo que separe e distingue o homem da natureza, o homem humano, mas uma tal separação não existe na realidade, as qualidades naturais e as propriamente humanas pereceram conjuntamente, o ser humano em suas mais elevadas e nobres capacidades é totalmente natureza carregando consigo seu inquietante duplo caráter. As capacidades terríveis do homem, consideradas desumanas, talvez constituam o solo frutífero de onde pode brotar toda a humanidade, em ímpetos feitos e obras". (NIETZSCHE, 2007, p. 65)

A partir dessa citação me acerco a uma abordagem mais direta do título deste texto: uma filosofia trágica que recusa à moral a legitimidade para explicitar o sentido do mundo manterá um compromisso com esse pressuposto fundamental que consiste em conceber o humano como um ente natural que se constitui de modos específicos e por razões específicas, mas que, mesmo nas suas criações mais elevadas – essas que por hábito mental chamamos de qualidade espirituais, mas que, no limite, não passam de uma espécie de reconfiguração da natureza apenas sob outra roupagem – continuará sendo natureza. O humano é um ente natural do início ao fim, pressuposto a partir do qual se pode afirmar que uma filosofia trágica tomará o humano como um ente natural. Essa ideia é uma ideia fundamental de toda a filosofia do Nietzsche e não será abandonada em momento algum. Portanto, o pensamento trágico concebe a relação do humano com a natureza a partir de uma inter-relação incontornável e o grande desafio inscrito nesta espécie de naturalização do humano tem a ver com a introdução do terceiro termo apresentado no título, a saber, o devir, justamente porque o devir é aquilo que marca, no âmbito da naturalização do humano, o próprio processo de sua dissolução, ou seja, conceber o humano como um ente natural implica conceber o humano como um ente que desaparecerá inevitavelmente. Assim sendo, a pergunta pelo sentido da existência apresenta-se, não apenas como uma pergunta meramente retórica, mas sim como a pergunta que carrega em si os pontos mais fundamentais da filosofia.

Para pensar os problemas implicados nos três elementos contidos no título – natureza, humano e devir –, nisso que Nietzsche chama de filosofia trágica, muitos recortes seriam possíveis. O recorte aqui proposto privilegia as obras de juventude de Nietzsche, começando com *O nascimento da tragédia*, obra debatida à exaustão pelos comentadores, mas dando mais atenção a um texto menos considerado pelos estudiosos e também inscrito no período de juventude, que é *A filosofia na era trágica dos gregos*, pois nesse há uma boa sedimentação filosófica dos elementos que constituem uma filosofia trágica.

No prefácio de *O nascimento da tragédia*, há uma passagem na qual Nietzsche, dedicando a obra a Wagner – do que se arrependerá profundamente alguns anos depois – afirma: "A esses homens sérios, sirva-lhes de lição o fato de que estou convencido de que a arte é a tarefa Suprema e a atividade propriamente metafísica da vida" (NIETZSCHE, 1992, p. 26). Logo à frente ele também lembra que a comédia da arte não é representada por nossa causa para nossa melhoria ou para nossa educação, porque "(...) somente como fenômeno estético pode a existência e o mundo se justificar eternamente" (NIETZSCHE, 1992, p. 47).

Conceber arte como tarefa suprema ou atividade propriamente metafísica da vida, evidencia um procedimento fundamental, a saber: deslocar o problema, do âmbito da religião ou da arte, para o âmbito da criação no qual se processa a atividade criativa, e em que as possibilidades de explicação da constituição do mundo se dão sem a referência a um Deus, sem referência ao sujeito que fundaria o sentido do ato criativo por meio da sua assunção às normas e aos princípios racionais que estariam contidos em si ou na obra. Assim, não haveria nem Deus para servir de guia ou critério de inteligibilidade da obra ou da criação, tampouco os princípios inscritos na razão humana poderiam desempenhar tal função, mas também não haveria a possibilidade de nos reportarmos a uma espécie de núcleo de contato privilegiado no artista-criador, que seria o sujeito genial, o filho dileto escolhido pela natureza para a criação da obra de arte genial. Pensar a justificação do mundo como fenômeno estético, também aponta para um horizonte de constituição do próprio ato criativo, compreendido muito mais como uma ocasião que acolhe um acontecimento do que propriamente a referência a uma figura específica constitutiva, seja uma figura formal, os princípios da razão, seja uma figura particularmente localizada, no caso do gênio.

A apreensão do mundo como um fenômeno estético supõe, portanto, que a existência é um caso propício para que algo aconteça, ou seja, supõe que os eventos são uma espécie de ocasião de acolhimento, que propiciam o acontecimento. Poder-se-ia objetar a tal compreensão indicando como sua consequência a total indeterminação, e é exatamente nesse ponto que se chega ao núcleo do trágico tal qual Nietzsche o compreende, pois a indeterminação é um dos elementos constitutivos do pensamento trágico. Por qual razão, então, a arte se faz necessária? A leitura de *O nascimento da tragédia*, associada ao estudo das obras estéticas da filosofia alemã do final do século XVIII e início do século XIX, ou mesmo da filosofia e estética francesa do século XVIII, lembrará do persistente vínculo entre a arte e moral e verá o quão inovadora e radical é a primeira obra de Nietzsche, pois, Kant, na *Crítica da faculdade do juízo*, concebe o belo como símbolo da moralidade; Schiller, em sua famosa *Cartas sobre a educação estética da humanidade*, afirma que o estado moral só pode nascer do estado estético; Schopenhauer, o grande mestre de Nietzsche, concebe o mundo a partir de um radical significado moral; e mesmo Aristóteles, na sua compreensão da função catártica da tragédia, concebe na catarse a purgação e a diminuição da tensão. Na compreensão aristotélica, a catarse abrandaria a tensão e, com isso, geraria um efeito salutar sobre os ouvintes. Contra tal compreensão, Nietzsche sustenta que a tragédia não é representada para que o espectador se livre do pavor e da compaixão, não é representada para os indivíduos se purificarem de um perigoso afeto mediante uma veemente descarga, e conclui dizendo "assim entendeu mal Aristóteles". Mas para que, então, é representada a tragédia? É representada para, além do pavor e da compaixão, ser em si mesmo o eterno prazer do vir-a-ser, esse prazer que traz em si também o prazer no destruir. Dito tudo isso de um outro modo: ao juízo de Aristóteles, todas as cenas trágicas, radicalmente trágicas, possuem a função de, por meio da submissão do espectador à tensão contida no ato trágico, abrandar as emoções por meio de uma descarga. Contrariamente, Nietzsche sustenta que a cena trágica não diminui a tensão, e sim, radicaliza-a, justamente na medida em que concebe, no ato da encenação trágica, o reconhecimento do eterno prazer do vir-a-ser, que também se expressa como prazer no destruir. Portanto, não apenas não há descarga, não há relaxamento, e sim, intensificação, tal como expresso naquela primeira passagem a respeito de *A disputa de Homero*: o humano há de ser concebido como esse ente dúplice no qual todas as suas capacidades terríveis, que são consideradas desumanas, constituem justamente o solo frutífero "(...) de onde pode brotar todo Humanidade em ímpetos feitos e obras" (NIETZSCHE, 2007, p. 65).

Eis que, a partir disso, torna-se clara a conexão entre a compreensão nietzschiana da tragédia, do trágico e a sua compreensão da impossível dissociação entre o humano e a natureza. Contudo, com isso ainda não chegamos à filosofia trágica de Nietzsche, pois Nietzsche ainda fala da tragédia. O ponto extremo a que tais considerações conduzem é justamente a percepção de que, para além do pavor e da compaixão, o espetáculo trágico é, ele mesmo, expressão e manifestação simbólica do eterno prazer do vir-a-ser, a partir do que o devir não é mais concebido por meio de uma denegação ou de uma negatividade, e sim, do reconhecimento de que todo âmbito da individuação, do ter se tornando um, do ter nascido, do ter aparecido, do ter vindo ao mundo, toda a própria feição visível figurativa do mundo das coisas, daquilo que constitui nosso Horizonte mais próximo, de todos os entes que são e que entraram no âmbito da individuação e se tornam um, de que na própria aparição dos entes que constituem o mundo, há um prazer supremo e uma justificação plena em si mesma. Com essa ideia, começamos a nos aproximar daquilo que configura, pelo menos primitivamente, a constituição do conhecimento trágico de Nietzsche.

Todo o mundo da aparência, então, já é em si mesmo redenção de um eterno padecimento. É habitual considerar a individuação, o mundo, o sermos um, como grande padecimento, afinal, em toda a natureza, vigora o signo do padecimento. Contudo, em Nietzsche, a compreensão altera-se radicalmente: o padecimento que o mundo da aparência revela é o padecimento de ainda não ser, de ainda não ter se tornado, ou de não ter chegado à plenitude possível de si. Por tal razão, nesse poderoso anelo pela aparência, que Nietzsche identifica em *O nascimento da tragédia* como expresso no Uno primordial, operaria justamente a afirmação mais radical da existência. No parágrafo 4 de *O nascimento da tragédia*, Nietzsche (1992, p. 39) afirma: "Quanto mais eu olho para o mundo e nele percebo a manifestação atual do Uno primordial, tanto mais eu vejo que o mundo próprio é, ele mesmo já, a própria satisfação atualizada do desejo pela aparência do Uno primordial". O mundo visível, o mundo da visibilidade, da figuração, o mundo dos indivíduos não é o mundo da pura pena, do tormento e do negativo do sofrimento, ao contrário, ele é já a própria expressão do desejo de aparência e do prazer pela aparência, disso que Nietzsche nomeia em sua primeira obra, em linguagem ainda metafísica, como Uno primordial.

Ao final de seu livro *Alegria, a força maior*, Clement Rosset cita um texto de um autor medieval chamado Martinus von Biberach, talvez um poeta, encantador, um prosador, que expressa magistralmente esta ideia da satisfação na aparência do próprio mundo visível. Eis o que diz o texto: "Venho não sei de onde, sou não sei quem, morro não sei quando, espanto-me de ser tão alegre" (ROSSET, 2000, p. 102). A conclusão, pareceria diametralmente oposta às premissas: "venho não sei de onde", portanto desconheço a origem; "sou não sei quem", desconheço a identidade; "morro não sei quando", desconheço a destinação. E "espanto-me de ser tão alegre" não é uma conclusão que se esperaria de alguém que desconhece a origem e a identidade, desconhecendo também o destino, a destinação futura. Mas é justamente uma surpresa ontológica similar a essa o que está suposto na ideia nietzschiana segunda qual o mundo da individuação é o mundo da própria satisfação da aparência na aparência.

Para se chegar a uma compreensão mais aprofundada de uma concepção trágica do mundo, seria necessário deslocar o problema da justificação estética da existência para uma discussão a respeito da recusa de uma interpretação moral do mundo. E, embora existam textos tardios nos quais Nietzsche é enfático, tratando diretamente o problema, há um texto de juventude já mencionado, *A filosofia na idade trágica dos gregos*, uma espécie de História da Filosofia Grega anti-germânica, em que o problema da recusa de uma interpretação moral do mundo, associada à justificação da existência a partir do devir, desempenham uma função estruturante do texto. Se comparado aos volumosos calhamaços de centenas e centenas de páginas dos historiadores alemães de filosofia grega, o texto de Nietzsche parece pueril, ingênuo. Nietzsche escreveu um texto que não chega a 100 páginas, no qual busca apenas destacar "traços de personalidade dos filósofos", o que parece uma irresponsabilidade filológica e filosófica, embora veremos o que subjaz a tal estratégia. Nesse texto, a contraposição entre Anaximandro e Heráclito é a que melhor expressa os componentes daquilo que constitui uma filosofia trágica, um pensamento trágico que tem na recusa do pensamento moral o seu horizonte primeiro de referência e de contestação.

A sentença do Anaximandro, que Nietzsche introduz no seu texto, diz: "De onde as coisas tiram a sua origem, ou seja, de onde brotam, de onde emergem, de onde aparece a origem das coisas, justamente aí elas devem perecer segundo a necessidade, pois, elas têm de espiar e perecer, por suas injustiças, de acordo com a ordem do tempo" (NIETZSCHE, 1995, p. 33). Segundo Nietzsche, o núcleo metafísico do pensamento do Anaximandro consistiria em conceber o devir enquanto emancipação criminosa do ser eterno, como uma iniquidade que deve ser espiada com a ruína. Nietzsche (1995, p. 33) chama esse dito de Anaximandro como "a sentença enigmática de um verdadeiro pessimista". Na avaliação de Nietzsche, o pressuposto fundamental de Anaximandro – que Heidegger chama de ingênua, quase pueril, infantil – consistiria em reconhecer uma espécie de negatividade plena resultante justamente dessa emancipação criminosa do ser eterno, consistente no fato de que, tudo aquilo que entra no âmbito da individuação deve pagar, e paga efetivamente com a morte, motivo pelo qual a própria individuação estando inscrita no âmbito da vigência do devir, é vista como um erro fundamental.

Impossível não lembrar da sabedoria do Sileno apresentada em *O nascimento da tragédia*. Nietzsche conta a fábula "a lenda do rei Midas" que persegue o Sileno na floresta e busca obrigá-lo a dizer aquilo que seria mais desejável na vida porque supostamente o Sileno saberia e não se nega a dizê-lo, no entanto, capturado, forçado a dizer, Sileno diz:

> estirpe miserável e efêmera, filhos do acaso e do tormento, porque me pedes para revelar-te aquilo que seria para ti mais salutar não ouvir? O melhor para ti é

inteiramente inatingível: não ter nascido, não ser, nada
ser; depois disso o melhor é logo morrer. (NIETZS-
CHE, 1992, p. 36)

A sabedoria do Sileno assemelha-se a esse suposto pessimismo de Anaximandro justamente porque concebe o ser
mais íntimo da individuação daquilo que é, como crime, E
qual é o crime? Justamente ter abandonado a constância do
ser eterno.

O capítulo sobre Anaximandro é introduzido a partir
de uma referência a Schopenhauer. A fim de compreender os
motivos que subjazem à referência à Schopenhauer no capítulo sobre Anaximandro, seria instrutivo apresentar algumas
passagens nas quais Schopenhauer apresenta sua compreensão de mundo. De acordo com Weber:

> Várias são as passagens dos *Parerga* e do Tomo segun-
> do de *O Mundo*, principalmente, mas também do Tomo
> primeiro, embora em menor medida, que permitem
> reforçar o argumento segundo o qual a interpretação
> nietzschiana das sentenças de Anaximandro possui
> uma evidente matriz schopenhaueriana. Destaque
> seja dado a algumas delas: existência enquanto flage-
> lo (2012, p. 149); Mundo como "lugar de penitência" e
> "instituição penal" (Idem, p. 156); "(...) nossa vida como
> um episódio inutilmente perturbador da ditosa paz do
> nada" (Idem, Ibidem); O mundo como "inferno" e os
> homens como "(...) por um lado as almas atormenta-
> das, por outro, os demônios" (Idem, p. 157); (...) o grave
> *pecado do mundo* que ocasiona o múltiplo e grandioso
> *sofrimento do mundo*" (Idem, p. 159); os outros humanos
> como "(...) companheiros de infortúnio" (idem, p. 162);
> A vida como "engodo constante" (2015, p. 683); A "[..]
> vida como um negócio que não cobre os custos do in-
> vestimento" (Idem, p. 684); Nossa condição como "(...)
> um estado que seria melhor que não fosse" (Idem, p.
> 689); Existência como uma dívida contraída na procria-
> ção e cujo transcurso serve apenas para pagar os juros,
> sendo a morte o pagamento final do capital investido
> (Idem, p. 692). Todas estas passagens – há outras, em-
> bora o ensinamento fundamental não varie – expres-

sam a ideia geral segundo a qual a existência "(...) é um castigo e uma expiação" (Idem, Ibidem), pois, se "Um homem, ao fim de sua vida, se fosse igualmente sincero e clarividente, talvez jamais a desejasse de novo, porém, antes, preferiria a total não-existência" (2005, p. 417). Culpa, castigo, expiação e sofrimento: tal vocabulário situa o problema do sentido metafísico do mundo, não mais no âmbito físico, e sim, moral. (WEBER, 2018, p. 108-109)

Esse breve levantamento da compreensão schopenhaueriana de mundo, permite afirmar que a interpretação nietzscheana de Anaximandro em *A Filosofia trágica na época dos gregos*, estabelece uma conexão fortíssima com aquilo que é, ou que supostamente era a sabedoria popular, pessimista da cultura grega, e, por outro lado, com a filosofia pessimista do Schopenhauer.

Mas, se ao seu próprio juízo, sua filosofia é a primeira filosofia trágica, e um filósofo trágico apresenta-se como o antípoda por excelência de um filósofo pessimista, são compreensíveis as razões pelas quais uma apresentação de um pensamento filosófico trágico, de uma filosofia trágica, como a de Nietzsche, deverá inevitavelmente passar pela confrontação com aquilo que ele qualifica como um consideração pessimista de mundo, tanto a filosofia popular grega, quanto o pensamento de Anaximandro, mas também e, principalmente, a filosofia schopenhaueriana. Assim, em primeiro lugar, uma filosofia trágica não possui nenhum compromisso com a moral e, em segundo lugar, uma filosofia trágica recusa uma compreensão pessimista de mundo. Por tal motivo, a grande questão legada por Anaximandro à posteridade é: quem poderá libertar-vos da maldição do devir?

Como livrar o mundo e a existência do julgamento contido em tal pergunta? A resposta, Nietzsche a encontrará em Heráclito. Não haveria exagero em afirmar que, se em Anaximandro soa o tribunal da condenação do devir, Nietzsche encontra em Heráclito justamente a sua justificação: "Contemplei, não a punição do que no devir entrou, mas a justificação do devir" (NIETZSCHE, 1995, p. 39). Tendo em vista tal conexão, a intepretação nietzscheana de Heráclito somente pode ser apreendida em toda a sua extensão, a partir da confrontação com o pensamento de Anaximandro. É como se no pensamento antigo, no pensamento grego pré-socrático, já estivesse prefigurado aquele que constituirá o embate fundamental do próprio Nietzsche com a filosofia de Schopenhauer.

O núcleo construtivo mais fundamental do pensamento do Heráclito é a *hybris*. De acordo com Nietzsche, a *hybris* é a pedra de toque de todo discípulo do Heráclito, a medida a partir da qual, frente ao mundo do devir no qual tudo se dilui, tudo se dissolve, em que intuitivamente haveria bons motivos para compreender o mundo como maldito, Heráclito busca, no elemento da dissolução, a própria perenidade da configuração dos seres. Heráclito é como o herói trágico que frente à força indestrutível do destino se contrapõe à própria compreensão habitual, mais óbvia e mais fácil do mundo. De fato, não é habitual olharmos o mundo, sendo aquilo que ele de fato é, e concebê-lo a partir de uma afirmação irrestrita de todas as suas dimensões constitutivas. Aquilo que está expresso na ideia da filosofia trágica, a afirmação incondicional da existência, tal qual se expressa em uma ideia, que aparece também no pensamento do Nietzsche, que é o *amor fati*, é algo anti-intuitivo, e em alguns aspectos, incompreensível. A quem acompanhou a apresentação do Professor Vagner sobre o Eterno Retorno, deve ter ficado claro, como fica claro nos textos do Nietzsche, que essa ideia supõe o retorno de absolutamente tudo. Se aceitássemos aquele experimento, aquele desafio proposto no aforismo 341 de *A gaia ciência* e disséssemos "sim" àquele demônio que nos faz a proposta, diríamos sim a tudo que vivemos aqui e agora, na mesma ordem-sequência e seríamos, cada qual, tal como nós somos.

A *hybris* do Heráclito, além de ser um conceito, também expressa um certo posicionamento frente ao modo mais habitual de pensar aquilo que o mundo é. E como isso aparece? Não por meio de uma configuração, de uma figuração conceitual, mas por meio da apreensão intuitiva, daí que o próprio filósofo trágico se caracterizará como aquele que pensa o mundo, mas que não segue necessariamente a via férrea do conceito ou do sistema. Ou, pelo menos, possui no âmbito constitutivo da própria forma do pensamento trágico um passo bastante significativo para a imaginação. Este é um aspecto importante porque, obviamente há elaboração conceitual no pensamento do Nietzsche, Nietzsche não é meramente um poeta, é um filósofo, mas é um filósofo que pensa e que elabora pensamentos de um modo profundamente intuitivo e que expressa, no plano da própria figuração de linguagem, da constituição da linguagem, os seus pensamentos de um modo extremamente imaginativo. Então há uma espécie de oscilação entre o trabalho com conceitos, mas também a liberalidade da imaginação, o ato intuitivo de apreensão e de expressão que dão ao próprio texto do Nietzsche um estilo completamente singular.

O que, então, é o mundo? Se a moral, os princípios de determinação do devir, não são bons condutores para explicitação do sentido da existência, para compreensão do que o mundo é, qual seria o outro modelo? No parágrafo 7 de *A Filosofia na época trágica dos gregos*, Nietzsche diz o seguinte, neste mundo, veja, *"neste mundo"*, não no mundo dos filósofos ou o mundo que está na cabeça dos filósofos, não no mundo dos seres religiosos que tem esse mundo meramente como um pretexto e preparação para algo que virá e que será melhor, mas *neste mundo* que é o mundo que nos assiste e que nos cabe, diz Nietzsche,

> neste mundo só o jogo do artista e da criança tem um vir-a-ser, um construir e um destruir sem qualquer imputação moral em inocência eternamente igual, e assim como brincam o artista e a criança, assim brinca também um fogo eternamente ativo, constrói e destrói com inocência e esse jogo jogam o Eão consigo mesmo. (NIETZSCHE, 1995, p. 49-50)

Dessa ideia surgirá uma imagem recorrente no pensamento de Nietzsche, da equiparação entre o artista, a criança, como uma espécie de símbolos do próprio devir. Há uma passagem de *Além de bem mal*, aforismo 94, em que o sentido do humano é concebido como um chegar à plenitude de nós mesmos, portanto, como um amadurecer, que se conquista por meio de um voltar a ter a seriedade que nós tínhamos quando criança ao brincar. O que configura a maturação do ser humano é voltar, portanto, a reconfigurar o âmbito próprio do que ele constitui a partir desse espaço de abertura e de possibilidade que configura o mundo da criança e que é uma espécie de *medium* para a própria compreensão do que é o mundo no seu aspecto mais geral, ontológico, de sentido mesmo do seu ser.

Para Nietzsche, o devir único e eterno, a inconstância tal de todo o real que nos faria então reconhecer na infância uma espécie de horizonte dos possíveis que deveria ser readquirido, retomado, que permitiria pelo menos nos abrir à escuta, abrir à percepção do que o mundo é, percepção e escuta estas que perdemos, por constituirmos identidades onde nada há a não ser possíveis. Então, o devir único e eterno, a inconstância total de todo real e que flui incessantemente é,

> como Heráclito ensina, uma ideia terrível e atordoadora, semelhante ao sentimento de quem, no tremor de terra perde a confiança na terra firme. Foi preciso uma energia surpreendente para transformar esse efeito em seu contrário, em sublimidade e no assombro bem aventurado. (NIETZSCHE, 1995, p. 42)

O quanto de força, de energia, é preciso para que o efeito terrível desse aprendizado, desse ensinamento do trágico, não resultasse em negação do próprio real e da própria existência. Para quem pretende pensar esse problema a partir da moral, na qual a existência do sofrimento seria suficiente para negar o próprio sentido do mundo e da existência, eu lembro de uma passagem do aforismo 12 do livro primeiro de *A Gaia Ciência*, com o qual concluo: para quem crê que, dado o sofrimento, o mundo e a vida deveriam ser concebidos como um equívoco, um erro, diz Nietzsche, restaria uma escolha, a saber,

> (...) *o mínimo de desprazer possível*, isto é, ausência de dor (...) ou o *máximo de desprazer possível*, como preço pelo incremento de uma abundância de sutis prazeres

e alegrias até hoje raramente degustados. Caso se decidam pelo primeiro, caso queiram diminuir e abater a suscetibilidade humana à dor, então têm de abater e diminuir a *capacidade para a alegria*. (NIETZSCHE, 2001, p. 63)

A resposta à pergunta "o que é uma filosofia trágica" seria: uma filosofia trágica é aquela que possui um compromisso inevitável com a alegria, dado justamente o reconhecimento da inevitabilidade da dor. Não haveria nenhum exagero, portanto, em sustentar que o traço distintivo fundamental do pensamento trágico não é o pesar, o tormento, a tristeza, o pessimismo, e sim a força que a alegria exige no mundo, sendo o mundo o que ele é; e o que o mundo é, cada um de nós sabe muito bem, porque estamos metidos nisso até os ossos.

Referências

CAMUS, Albert. *A peste*. Rio de Janeiro: Rocco, 2000.

DELEUZE, Gilles. *Nietzsche e a filosofia*. Trad. Edmundo Fernandes Dias e Ruth Joffily Dias. Rio de Janeiro: Editora Rio, 1976.

NIETZSCHE, Friedrich Wilhelm. *A filosofia na idade trágica dos gregos*. Trad. Maria Inês Madeira de Andrade. Rio de Janeiro: Elfos; Lisboa: Edições 70, 1995.

NIETZSCHE, Friedrich Wilhelm. *A gaia ciência*. Trad. Paulo César de Souza. São Paulo: Companhia das Letras, 2001.

NIETZSCHE, Friedrich Wilhelm. *Além de bem e mal. Prelúdio a uma filosofia do futuro*. Trad. Paulo César de Souza. São Paulo: Companhia das Letras, 1993.

NIETZSCHE, Friedrich Wilhelm. "A disputa de Homero". In: *Cinco prefácios para cinco livros não escritos*. Trad. Pedro Süssekind, 4ª Ed. Rio de Janeiro: 7 Letras, 2007. p. 63-76.

NIETZSCHE, Friedrich Wilhelm. *Ecce homo, ou como alguém se torna o que é*. Trad. Paulo César de Souza. São Paulo: Companhia das Letras, 1998.

NIETZSCHE, Friedrich Wilhelm. *O nascimento da tragédia.* Trad. J. Guinsburg. São Paulo: Companhia das Letras, 1992.

ROSSET, Clement. *Alegria, a força maior.* Trad. Eloisa Araújo Ribeiro. Rio de Janeiro: Relume-Dumará, 2000.

SCHOPENHAUER, Arthur. *O mundo como vontade e representação.* Trad. Jair Barbosa. São Paulo: Editora da UNESP, 2005.

SZONDI, Peter. *Ensaio sobre o trágico.* Trad. Pedro Süssekind. Rio de Janeiro: Jorge Zahar Ed., 2004.

Este livro é resultado de uma atividade do Grupo de Estudos Nietzsche (GEN) da UNIR. Com essa atividade, o grupo quis prejudicar a tolice daqueles que insistem em afirmar que professores universitários não fazem nada, o GEN buscou entristecer aqueles que por inveja, despeito ou maldade seguem dizendo que as universidades públicas brasileiras são antros de balbúrdias, e mesmo em meio a uma pandemia o GEN retomou suas atividades, por meio do projeto de extensão Filosofia em Quarentena, um conjunto de lives com temáticas diferentes, mas sempre um mesmo objetivo: prejudicar a tolice e entristecer aqueles que temem a educação, e por isso a desdenham.

Os convites de participação, muitas mentes atenderam rapidamente, e as lives foram organizadas e se estenderam por todo o segundo semestre do ano de 2020. Dessas lives foi organizado este livro no qual se optou por dar liberdade aos participantes de manterem (ou não) a linguagem coloquial dos encontros virtuais via YouTube. Os capítulos foram ordenados na sequência cronológica de realização das lives. O primeiro deles é do professor Vagner da Silva, da Universidade Federal de Rondônia, que nele busca responder à pergunta "quem é o além do homem de Nietzsche?". O segundo é do professor Fernando Bonadia da Universidade Federal Rural do Rio de Janeiro que apresenta a sofisticação do pensamento de Espinosa. O filósofo inglês John Locke é o tema do terceiro capítulo. Nele o professor Christian Lindberg, da Universidade Federal de Sergipe, apresenta o pensamento político daquele que tantas vezes é visto e afirmado como um dos fundadores do liberalismo clássico.

A filosofia contemporânea volta a ser abordada no capítulo seguinte, agora com a professora Glaucia Figueiredo da Universidade da República (UDELAR/Uruguai) que nos trouxe a complexidade do pensamento e a beleza da amizade de Gilles Deleuze e Félix Guattari. Já no quinto capítulo emerge um dos temas mais importantes e urgentes da contemporaneidade, especialmente no Brasil: o feminismo. O tema é abordado pela professora Roberta Gregoli. A professora Lavínia Magiolino, da Universidade de Campinas, escreve sobre Vigotski no sexto capítulo deste livro. O último capítulo é do professor José Fernandes Weber da Universidade Estadual de Londrina que tecer comentários sobre a filosofia trágica de Nietzsche e o sentido do devir para a humanidade.

ISBN: 978-65-86795-11-0

9 786586 795110